国家基本职业培训包(指南包 课程包)

互联网营销师

人力资源社会保障部职业能力建设司编制

中国劳动社会保障出版社

图书在版编目(CIP)数据

互联网营销师 / 人力资源社会保障部职业能力建设司编制. -- 北京：中国劳动社会保障出版社，2023

国家基本职业培训包：指南包　课程包

ISBN 978-7-5167-5920-2

Ⅰ.①互⋯　Ⅱ.①人⋯　Ⅲ.①网络营销－职业培训－教材　Ⅳ.①F713.365.2

中国国家版本馆 CIP 数据核字（2023）第 114971 号

中国劳动社会保障出版社出版发行

（北京市惠新东街 1 号　邮政编码：100029）

*

三河市华骏印务包装有限公司印刷装订　新华书店经销

880 毫米 ×1230 毫米　16 开本　9 印张　161 千字

2023 年 7 月第 1 版　2023 年 11 月第 2 次印刷

定价：27.00 元

营销中心电话：400-606-6496

出版社网址：http://www.class.com.cn

版权专有　　侵权必究

如有印装差错，请与本社联系调换：（010）81211666

我社将与版权执法机关配合，大力打击盗印、销售和使用盗版图书活动，敬请广大读者协助举报，经查实将给予举报者奖励。

举报电话：（010）64954652

编制说明

为深入贯彻落实党的二十大关于"健全终身职业技能培训制度"的部署要求，按照《"十四五"职业技能培训规划》有关职业培训包开发应用工作安排，我部将修订完善和组织开发一批培训需求量大的国家基本职业培训包，在全国范围内培育一批职业培训包应用培训机构。

职业培训包开发工作是新时期职业培训领域的一项重要基础性工作，旨在形成以综合职业能力培养为核心、以技能水平评价为导向，实现职业培训全过程管理的职业技能培训体系，这对于进一步提高培训质量，加强职业培训规范化、科学化管理，促进职业培训与就业需求的有效衔接，推行终身职业技能培训制度具有积极的作用。

国家基本职业培训包由指南包、课程包和资源包三个子包构成，是集培养目标、培训要求、培训内容、课程规范、考核大纲、教学资源等为一体的职业培训资源总和，是职业培训机构对劳动者开展政府补贴职业培训服务的工作规范和指南。

国家基本职业培训包遵循《职业培训包开发技术规程（试行）》的要求，依据国家职业技能标准和企业岗位技术规范，结合新经济、新产业、新职业发展编制，力求客观反映现阶段本职业（工种）的技术水平、对从业人员的要求和职业培训教学规律。

《国家基本职业培训包（指南包　课程包）——互联网营销师》是在各有

编制说明

关专家的共同努力下完成的。参加编写的主要人员有董红祥、袁筝、吴陵玲、吴雪慧、冯程程、钟长雪、程诗梁、程广华、董正汉、姚艳、张青、彭源、王云龙、孙国华、潘文明、赵明、倪莉莉、汪洪涛等,参加审定的主要人员有梁艳春、周明、梅金龙、单燕玲、莫川川、蔡呈祥、李昭、董璐、宋丹、辛楠楠、梁比琦、金燕等。在编制过程中得到了安徽省竞争力企业管理咨询有限公司、福建大娱号信息科技股份有限公司、安徽省中网云联科技有限公司、安徽竞争力信息科技有限公司、中网云联(北京)科技有限公司、北京国育职业技能鉴定中心、合肥市中航职业培训学校等有关单位的大力支持,在此一并致谢。

人力资源社会保障部职业能力建设司

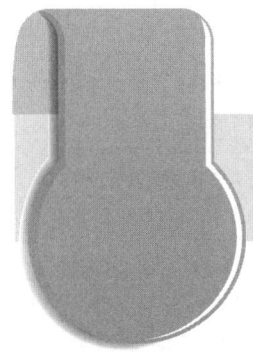

目 录

1 指 南 包

1.1 职业培训包使用指南 …………………………………………………… 002
1.1.1 职业培训包结构与内容 ………………………………………… 002
1.1.2 培训课程体系介绍 ……………………………………………… 003
1.1.3 培训课程选择指导 ……………………………………………… 016
1.2 职业指南 ………………………………………………………………… 017
1.2.1 职业描述 ………………………………………………………… 017
1.2.2 职业培训对象 …………………………………………………… 017
1.2.3 就业前景 ………………………………………………………… 017
1.3 培训机构设置指南 ……………………………………………………… 017
1.3.1 师资配备要求 …………………………………………………… 017
1.3.2 培训场所设备配置要求 ………………………………………… 018
1.3.3 教学资料配备要求 ……………………………………………… 019
1.3.4 管理人员配备要求 ……………………………………………… 019
1.3.5 管理制度要求 …………………………………………………… 020

2 课 程 包

2.1 培训要求 ………………………………………………………………… 022
2.1.1 职业基本素质培训要求 ………………………………………… 022
2.1.2 五级/初级职业技能培训要求 …………………………………… 023

目录

  2.1.3 四级/中级职业技能培训要求 …………………………………… 029
  2.1.4 三级/高级职业技能培训要求 …………………………………… 036
  2.1.5 二级/技师职业技能培训要求 …………………………………… 042
  2.1.6 一级/高级技师职业技能培训要求 ……………………………… 045
 2.2 课程规范 ……………………………………………………………………… 050
  2.2.1 职业基本素质培训课程规范 ……………………………………… 050
  2.2.2 五级/初级职业技能培训课程规范 ……………………………… 057
  2.2.3 四级/中级职业技能培训课程规范 ……………………………… 071
  2.2.4 三级/高级职业技能培训课程规范 ……………………………… 084
  2.2.5 二级/技师职业技能培训课程规范 ……………………………… 096
  2.2.6 一级/高级技师职业技能培训课程规范 ………………………… 104
  2.2.7 培训建议中培训方法说明 ………………………………………… 115
 2.3 考核规范 ……………………………………………………………………… 116
  2.3.1 职业基本素质培训考核规范 ……………………………………… 116
  2.3.2 五级/初级职业技能培训理论知识考核规范 …………………… 118
  2.3.3 五级/初级职业技能培训操作技能考核规范 …………………… 121
  2.3.4 四级/中级职业技能培训理论知识考核规范 …………………… 122
  2.3.5 四级/中级职业技能培训操作技能考核规范 …………………… 125
  2.3.6 三级/高级职业技能培训理论知识考核规范 …………………… 127
  2.3.7 三级/高级职业技能培训操作技能考核规范 …………………… 130
  2.3.8 二级/技师职业技能培训理论知识考核规范 …………………… 132
  2.3.9 二级/技师职业技能培训操作技能考核规范 …………………… 133
  2.3.10 一级/高级技师职业技能培训理论知识考核规范 …………… 135
  2.3.11 一级/高级技师职业技能培训操作技能考核规范 …………… 136

1
指南包

1.1 职业培训包使用指南

1.1.1 职业培训包结构与内容

互联网营销师职业培训包由指南包、课程包和资源包三个子包构成,结构如下图所示。

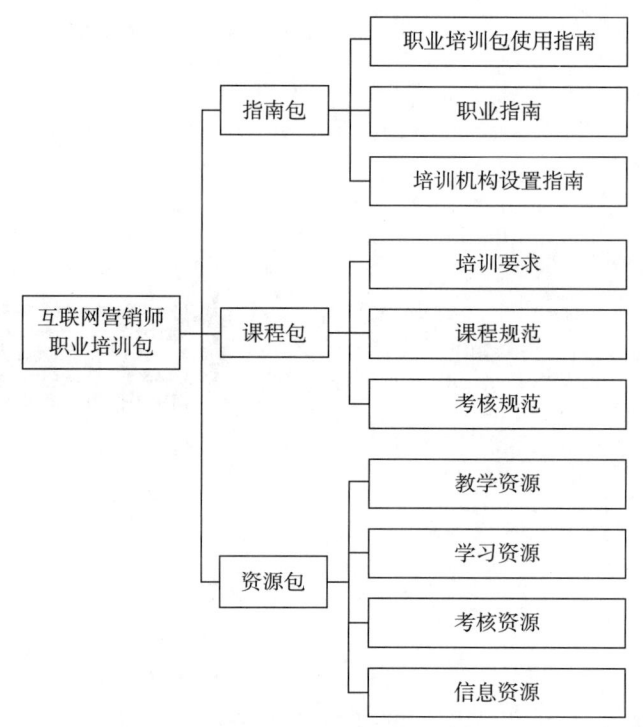

职业培训包结构图

指南包是指导培训机构、培训教师与学员开展职业培训的服务性内容总合,包括职业培训包使用指南、职业指南和培训机构设置指南。职业培训包使用指南是培训学员了解本职业培训包内容,选择培训课程和使用培训资源的说明性文本,职业指南是对职业信息的概述,培训机构设置指南是对培训机构提出的具体要求。

课程包是培训机构与教师实施职业培训,培训学员接受职业培训必须遵守的规范总合,包括培训要求、课程规范和考核规范。培训要求是参照国家职业技能标准,结合职业岗位工作实际需求制定的职业培训规范。课程规范是依据培训要求,结合职业培训教学规律,对课程设置、课堂学时、课程内容与培训方法等所做的统一规定。考核规范是针对课程规范所规定的课程内容开发的，能科学评价培训学员过程性学习效果与终结性培训成果的规则，是客观衡量培训学员职业基本素质与职业技能水平的标准，也是实施职业培训过程性与终结性考核的依据。

资源包是依据课程包要求，基于培训学员特征，遵循职业培训教学规律，应用先进职业培训课程理念，开发的多媒介、多形式的职业培训与考核资源总合，包括教学资源、学习资源、考核资源和信息资源。教学资源是为培训教师组织实施职业培训教学活动提供的相关资源，学习资源是为培训学员学习职业培训课程提供的相关资源，考核资源是为培训机构和教师实施职业培训考核提供的相关资源，信息资源是为培训教师和学员拓宽视野提供的体现科技进步、职业发展的相关动态资源。

1.1.2 培训课程体系介绍

在互联网营销师职业培训课程体系中，选品员、直播销售员、视频创推员三个工种依据职业技能等级分为职业基本素质培训课程、五级/初级职业技能培训课程、四级/中级职业技能培训课程、三级/高级职业技能培训课程、二级/技师职业技能培训课程和一级/高级技师职业技能培训课程，平台管理员依据职业技能等级分为职业基本素质培训课程、五级/初级职业技能培训课程、四级/中级职业技能培训课程、三级/高级职业技能培训课程。每一类课程包含模块、课程和学习单元三个层级。互联网营销师职业培训课程体系均源自本职业培训包课程包中的课程规范，以学习单元为基础，形成职业层次清晰、内容丰富的"培训课程超市"。

互联网营销师职业培训课程学时分配一览表

职业技能等级	课堂学时		其他学时	培训总学时
	职业基本素质培训课程	职业技能培训课程		
五级/初级	28	52	40	120
四级/中级	12	58	40	110
三级/高级	8	52	30	90
二级/技师	4	46	30	80
一级/高级技师	4	46	30	80

注：课堂学时是指培训机构开展的理论课程教学及实操课程教学的建议最低学时数。其中职业基本素质培训课程为理论知识培训课程，职业技能培训课程包含理论知识和操作技能培训课程。除课堂学时外，培训总学时还应包括岗位实习、现场观摩、自学自练等其他学时。

(1) 职业基本素质培训课程

模块	课程	学习单元	课堂学时
1. 职业认知与职业道德	1-1 职业认知	互联网营销师职业认知	1
	1-2 职业道德基本知识	职业道德与职业守则	1
2. 计算机及网络应用知识	2-1 计算机基础知识	计算机系统与移动设备基础知识	1
	2-2 互联网应用相关知识	网络组成及应用	1
3. 营销基础知识	3-1 营销学基础知识	(1) 市场与市场营销	1
		(2) 市场营销相关基本概念	1
	3-2 互联网营销定义、分类和职能	(1) 互联网营销定义与分类	1
		(2) 互联网营销职能	1
	3-3 互联网营销传播特点	互联网营销传播特点	1
	3-4 互联网营销策略及主要方法	互联网营销策略及主要方法	1
4. 传播内容制作基础知识	4-1 摄影、录像拍摄基础知识	(1) 摄影设备与基础知识	1
		(2) 摄影基本技巧	1
	4-2 图片、视频编辑制作基础知识	(1) 图片制作基础知识	1
		(2) 视频制作基础知识	1
	4-3 视听语言表达基础知识	(1) 视觉语言构成	1
		(2) 听觉语言构成	1
	4-4 新媒体应用基础知识	(1) 新媒体平台运营	1
		(2) 新媒体内容运营	1
	4-5 多媒体技术基础知识	多媒体技术基础知识	1
5. 产品基础知识	5-1 产品质量知识	(1) 产品标准与质量认证	1
		(2) 产品检验与质量监督	1
	5-2 产品分类与编码	产品分类与编码	1
	5-3 特殊产品宣传知识	特殊产品宣传	1
6. 安全基础知识	6-1 网络信息安全知识	网络信息安全威胁与保护	1
	6-2 设备及操作安全知识	设备实体安全与存储介质安全	1
	6-3 场地环境安全知识	物理环境安全与通信线路安全	1
7. 相关法律、法规知识	7-1 互联网营销法律、法规概述	网络行为中参与各方的法律关系	1
	7-2 互联网营销相关法律、法规知识	互联网营销相关法律、法规知识	1
课堂学时合计			28

注：本表所列为五级/初级职业基本素质培训课程，其他等级职业基本素质培训课程按"互联网营销师职业培训课程学时分配一览表"中相应的课堂学时要求进行必要的调整。

(2) 五级/初级职业技能培训课程

1) 选品员

模块	课程	学习单元	课堂学时
1．工作准备	1-1 宣传准备	（1）产品图文素材搜集方法	1
		（2）网络搜索工具使用方法	2
		（3）产品图文信息发布技巧	2
		（4）搜集相关网络舆情风险信息方法	1
	1-2 设备、软件和材料准备	（1）软件下载、安装方法	2
		（2）直播样品搜集方法	2
	1-3 风险评估	（1）断网、断电等故障解决方法	1
		（2）营销过程中法律、法规风险判断方法	1
2．产品信息收集	2-1 市场调研	（1）产品销售信息收集和汇总方法	4
		（2）产品营销方案收集和汇总方法	4
	2-2 样品搜集	（1）样品选择方法	4
		（2）物流信息查询方法	3
		（3）样品到达状态记录方法	4
3．产品确定及规划	3-1 样品试用及分析	（1）样品试用注意事项	3
		（2）产品信息与样品比对方法	4
	3-2 营销卖点分析	（1）产品优缺点汇总方法	4
		（2）产品介绍编写方法	3
	3-3 商谈合作方式	（1）产品报价商议方法	4
		（2）合作协议主要内容和签订方法	3
课堂学时合计			52

2) 直播销售员

模块	课程	学习单元	课堂学时
1．工作准备	1-1 宣传准备	（1）搜集产品图文素材	1
		（2）使用网络搜索工具核实、整理产品图文素材信息	2
		（3）发布图文信息预告	1
		（4）搜集相关网络舆情风险信息	1

续表

模块	课程	学习单元	课堂学时
1. 工作准备	1-2 设备、软件和材料准备	(1) 连接硬件设备	2
		(2) 下载、安装直播软件	2
		(3) 选择直播道具及场地	1
	1-3 风险评估	(1) 解决断网、断电故障问题	1
		(2) 判断并防范营销过程中法律、法规风险	1
2. 直播营销	2-1 直播预演	(1) 撰写单品直播脚本	5
		(2) 单品直播预演	6
	2-2 直播销售	(1) FAB 分析法①及产品卖点介绍技巧	5
		(2) 展示销售产品	5
		(3) 引导用户下单	5
3. 售后与复盘	3-1 售后	(1) 查询产品发货进度	3
		(2) 处理用户反馈问题	4
	3-2 复盘	(1) 采集营销数据	4
		(2) 统计营销数据	3
课堂学时合计			52

3）视频创推员

模块	课程	学习单元	课堂学时
1. 工作准备	1-1 宣传准备	(1) 产品图文素材搜集方法	1
		(2) 网络搜索工具使用方法	2
		(3) 产品图文信息发布技巧	2
		(4) 相关网络舆情风险信息搜集方法	1
	1-2 设备、软件和材料准备	(1) 硬件设备安装、调试方法	2
		(2) 软件下载、安装方法	2
	1-3 风险评估	(1) 断网、断电等故障解决方法	1
		(2) 营销过程中法律、法规风险判断方法	1

---

① FAB 分析法是推销人员向顾客分析产品功效、优点及能给顾客带来何种利益的一种方法。F（feature/fact）指属性或功效，A（advantage）指优点或优势，B（benefit）指顾客利益与价值。

续表

模块	课程	学习单元	课堂学时
2．视频创推	2-1 视频创作	（1）手机软件拍摄方法	5
		（2）产品特征呈现技巧	5
		（3）视频保存方法	4
	2-2 视频推广	（1）视频上传方法	4
		（2）视频发布方法	4
		（3）推广功能使用方法	4
3．售后与复盘	3-1 售后	（1）发货进度查询方法	3
		（2）用户投诉问题处理方法	4
	3-2 复盘	（1）营销数据采集方法	4
		（2）统计软件使用方法	3
课堂学时合计			52

4）平台管理员

模块	课程	学习单元	课堂学时
1．工作准备	1-1 宣传准备	（1）使用网络搜索工具核实、整理产品图文素材信息	1
		（2）产品图文信息预告发布	2
		（3）相关网络舆情风险信息搜集	2
	1-2 设备、软件和材料准备	（1）硬件设备安装、调试	2
		（2）直播软件下载、安装	1
		（3）直播道具及场地选择	2
	1-3 风险评估	（1）常见故障解决方法	1
		（2）营销过程中法律、法规风险判断方法	1
2．技术支持与互动管理	2-1 技术支持	（1）网络环境测试方法	4
		（2）直播设备测试方法	5
		（3）产品链接设置方法	4
	2-2 互动管理	（1）用户沟通原则及要求	4
		（2）后台管理功能操作方法	4
3．售后与复盘	3-1 售后	（1）产品发货进度查询方法	4
		（2）用户投诉问题处理方法	5
	3-2 复盘	（1）营销数据采集方法	5
		（2）营销数据统计方法	5
课堂学时合计			52

(3) 四级／中级职业技能培训课程

1) 选品员

模块	课程	学习单元	课堂学时
1．工作准备	1-1 宣传准备	(1) 产品图文素材搜集计划制订方法	2
		(2) 制作产品专属宣传素材	2
		(3) 汇总、统计相关网络舆情风险信息	1
	1-2 设备、软件和材料准备	(1) 样品库盘点方法	2
		(2) 样品（道具）搭配方法	2
	1-3 风险评估	(1) 团队协作风险评估方法	1
		(2) 风险应对计划制订方法	1
2．产品信息收集	2-1 市场调研	(1) 产品溯源方法	2
		(2) 产品及用户调研方法	3
		(3) 竞品调研方法	3
	2-2 调研结果分析	(1) 信息分类方法	2
		(2) 信息比对方法	3
	2-3 样品搜集	(1) 样品要求提出方法	2
		(2) 样品分类管理方法	3
		(3) 样品试用计划制订方法	3
3．产品确定及规划	3-1 样品试用及分析	(1) 样品体验方法	4
		(2) 平台搜索技巧及产品价格比对分析	5
	3-2 确定营销卖点	(1) 营销定位方法	4
		(2) 产品营销话术编写方法	5
	3-3 确定合作方式	(1) 合作建议主要内容	4
		(2) 结算方案设计方法	4
课堂学时合计			58

2) 直播销售员

模块	课程	学习单元	课堂学时
1．工作准备	1-1 宣传准备	(1) 制作并发布产品专属宣传素材	2
		(2) 制订、执行跨平台宣传计划	2
		(3) 汇总、统计相关网络舆情风险信息	1
	1-2 设备、软件和材料准备	(1) 制订样品（道具）搭配计划	2
		(2) 制订出镜者形象方案	2

续表

模块	课程	学习单元	课堂学时
1．工作准备	1-3 风险评估	（1）评估团队协作风险	1
		（2）制订并执行直播中常见风险应对计划	1
2．直播营销	2-1 直播预演	（1）撰写团队协作直播脚本	8
		（2）测试直播营销流程	7
	2-2 直播销售	（1）使用营销话术介绍产品特点	8
		（2）介绍平台优惠及产品折扣信息	8
3．售后与复盘	3-1 售后	（1）分析、汇总异常数据	4
		（2）建立售后标准工作流程	4
	3-2 复盘	（1）复核售前预测数据	4
		（2）分析、优化营销方案	4
课堂学时合计			58

3）视频创推员

模块	课程	学习单元	课堂学时
1．工作准备	1-1 宣传准备	（1）产品专属宣传素材制作方法	2
		（2）跨平台宣传计划执行方法	2
		（3）相关网络舆情风险信息统计方法	1
	1-2 设备、软件和材料准备	（1）样品（道具）搭配方法	2
		（2）出镜者形象方案制订方法	2
	1-3 风险评估	（1）团队协作风险评估方法	1
		（2）风险应对计划制订方法	1
2．视频创推	2-1 视频创作	（1）拍摄方案制订方法	6
		（2）拍摄素材管理方法	6
		（3）素材剪辑方法	7
	2-2 视频推广	（1）推广渠道搜集方法	6
		（2）推广工具使用方法	6
3．售后与复盘	3-1 售后	（1）异常数据分析、汇总方法	4
		（2）售后标准工作流程主要内容	4
	3-2 复盘	（1）售前预测数据复核方法	4
		（2）营销方案优化方法	4
课堂学时合计			58

4）平台管理员

模块	课程	学习单元	课堂学时
1．工作准备	1-1 宣传准备	（1）跨平台宣传计划执行方法	1
		（2）宣传数据监控方案制定	1
		（3）音视频转码工具运用方法	2
		（4）相关网络舆情风险信息汇总、统计	1
	1-2 设备、软件和材料准备	（1）硬件设备选择方法	2
		（2）设备搭建与联调方法	2
	1-3 风险评估	（1）团队协作风险评估	1
		（2）风险应对计划制订方法	1
2．技术支持与互动管理	2-1 技术支持	（1）根据直播计划整理设备清单	4
		（2）现场设备故障排除方法	4
		（3）直播界面功能配置方法	5
		（4）产品素材上传至直播间方法	4
	2-2 互动管理	（1）互动管理规则制定方法	4
		（2）互动常见问题库建立方法	5
3．售后与复盘	3-1 售后	（1）异常数据分析、汇总方法	5
		（2）售后标准工作流程建立方法	5
	3-2 复盘	（1）售前预测数据复核方法	6
		（2）营销方案优化方法	5
课堂学时合计			58

（4）三级／高级职业技能培训课程

1）选品员

模块	课程	学习单元	课堂学时
1．工作准备	1-1 宣传准备	（1）第三方宣传供应商资源库建立方法	1
		（2）预热投入产出比测算方法	1
		（3）协调引流资源并扩大宣传渠道	1
		（4）分析、研判相关网络舆情风险信息	1
	1-2 设备、软件和材料准备	（1）样品出入库管理制度建立方法	1
		（2）道具采购要求	1

续表

模块	课程	学习单元	课堂学时
1. 工作准备	1-3 风险评估	(1) 风险管理奖惩制度主要内容	1
		(2) 风险防控方案评估方法	1
2. 产品信息收集	2-1 市场信息管理	(1) 产品销售数据整理方法	4
		(2) 供应商管理系统维护方法	4
		(3) 产品价格跟踪系统维护方法	4
	2-2 市场信息分析	(1) 产品选择方法	4
		(2) 产品价格分析方法	4
3. 产品确定及规划	3-1 竞品比对	(1) 产品与竞品价格比对方法	6
		(2) 产品与竞品功能比对方法	6
	3-2 确定合作方式	(1) 营销方案编写方法	6
		(2) 风险预判方法	6
课堂学时合计			52

2）直播销售员

模块	课程	学习单元	课堂学时
1. 工作准备	1-1 宣传准备	(1) 建立第三方宣传供应商资源库	1
		(2) 测算预热投入产出比	1
		(3) 协调引流资源并扩大宣传渠道	1
		(4) 分析、研判相关网络舆情风险信息	1
	1-2 设备、软件和材料准备	(1) 根据营销计划选购硬件设备	1
		(2) 制订道具采购计划	1
	1-3 风险评估	(1) 制定直播风险管理奖惩制度	1
		(2) 制订和评估风险防控方案	1
2. 直播营销	2-1 直播预演	(1) 不同需求下直播团队人员分工	6
		(2) 根据直播预演效果调整营销方案	6
	2-2 直播销售	(1) 控制、管理个人情绪	5
		(2) 调动直播间气氛	6
		(3) 实时调整直播策略	6
3. 售后与复盘	3-1 售后	(1) 使用智能交互系统回复用户信息	4
		(2) 撰写售后工作报告	3
	3-2 复盘	(1) 制定数据维度和分析标准	4
		(2) 制定数据采集操作流程	4
课堂学时合计			52

3）视频创推员

模块	课程	学习单元	课堂学时
1．工作准备	1-1 宣传准备	（1）第三方宣传供应商资源库建立方法	1
		（2）预热投入产出比测算方法	1
		（3）协调引流资源并扩大宣传渠道的方法	1
		（4）分析、研判相关网络舆情风险信息	1
	1-2 设备、软件和材料准备	（1）设备采购要求	1
		（2）道具采购要求	1
	1-3 风险评估	（1）风险管理奖惩制度主要内容	1
		（2）风险防控方案评估方法	1
2．视频创推	2-1 视频创作	（1）产品关键标签及卖点提炼技巧	4
		（2）产品创意方案设计方法	4
		（3）专业拍摄设备使用方法	4
		（4）素材包装方法	5
	2-2 视频推广	（1）投放对象选择要求	4
		（2）流量资源筛选要求	4
		（3）数据监控工具使用方法	4
3．售后与复盘	3-1 售后	（1）智能交互系统使用	4
		（2）售后工作报告撰写	3
	3-2 复盘	（1）数据维度和分析标准制定方法	4
		（2）数据采集操作流程制定方法	4
课堂学时合计			52

4）平台管理员

模块	课程	学习单元	课堂学时
1．工作准备	1-1 宣传准备	（1）第三方宣传供应商资源库建立方法	1
		（2）预热投入产出比测算方法	1
		（3）分析、研判相关网络舆情风险信息	1
	1-2 设备、软件和材料准备	（1）硬件设备采购要求	1
		（2）设备状态检测标准制定	2
	1-3 风险评估	（1）风险管理奖惩制度制定	1
		（2）风险防控方案时效性评估	1

续表

模块	课程	学习单元	课堂学时
2．技术支持与互动管理	2-1 运维管理	（1）现场设备管理方案制订	5
		（2）现场技术团队协作规则制定	4
	2-2 技术支持	（1）互动特效方案制作方法	5
		（2）动态网络舆论监控数据查看方法	5
		（3）产品实时数据提供方法	5
3．售后与复盘	3-1 售后	（1）智能交互系统使用方法	5
		（2）售后工作报告主要内容及撰写技巧	5
	3-2 复盘	（1）数据维度和分析标准制定方法	5
		（2）数据采集操作流程制定方法	5
课堂学时合计			52

（5）二级/技师职业技能培训课程

1）选品员

模块	课程	学习单元	课堂学时
1．产品确定及规划	1-1 产品分析	（1）产品检验流程知识	4
		（2）产品跟踪方法	3
		（3）产品转化率分析方法	3
		（4）制订相关网络舆情风险解决方案	3
	1-2 选品策划	（1）选品方案制订方法	4
		（2）选品规划监控方法	3
2．团队管理	2-1 团队架构设置	（1）团队考核标准设计方法	3
		（2）协作沟通技巧	3
	2-2 团队文化建设	（1）员工评价体系建立方法	4
		（2）员工互评机制建立方法	3
3．培训指导	3-1 培训	（1）培训计划编写方法	3
		（2）培训讲义编写方法	3
		（3）培训教学与组织技巧	2
	3-2 指导	（1）专业技能指导方法	2
		（2）培训指导规范编写方法	3
课堂学时合计			46

2）直播销售员

模块	课程	学习单元	课堂学时
1．直播营销	1-1 营销策划	（1）直播间搭建技巧	5
		（2）个人品牌塑造方法	5
	1-2 直播规划	（1）直播销售周期目标编制方法	5
		（2）直播流程操作步骤	5
2．团队管理	2-1 团队架构设置	（1）团队考核标准设计方法	3
		（2）协作沟通技巧	3
	2-2 团队文化建设	（1）建立员工评价体系	4
		（2）建立员工互评机制	3
3．培训指导	3-1 培训	（1）培训计划编写方法	3
		（2）培训讲义编写方法	3
		（3）培训教学与组织技巧	2
	3-2 指导	（1）专业技能指导方法	2
		（2）培训指导规范编写方法	3
课堂学时合计			46

3）视频创推员

模块	课程	学习单元	课堂学时
1．视频创推	1-1 视频创作	（1）视频创作规划设计方法	4
		（2）视频制作步骤	4
	1-2 视频推广	（1）热点话题制造技巧	4
		（2）投放效果数据分析方法	4
		（3）投放预算编制方法	4
2．团队管理	2-1 团队架构设置	（1）团队考核标准设计方法	3
		（2）协作沟通技巧	3
	2-2 团队文化建设	（1）员工评价体系建立方法	4
		（2）员工互评机制建立方法	3
3．培训指导	3-1 培训	（1）培训计划制订方法	3
		（2）培训讲义编制方法	3
		（3）培训教学与组织技巧	2
	3-2 指导	（1）专业技能指导方法	2
		（2）培训指导规范编写方法	3
课堂学时合计			46

(6) 一级/高级技师职业技能培训课程

1) 选品员

模块	课程	学习单元	课堂学时
1．产品确定及规划	1-1 产品分析	(1) 热销产品预判方法	4
		(2) 根据复购率预判产品销量方法	3
		(3) 产品信息数据库建立方法	3
		(4) 相关网络舆情风险预防方法	2
	1-2 选品策划	(1) 供应链渠道建立方法	4
		(2) 新产品开发方法	4
2．团队管理	2-1 团队架构设置	(1) 团队架构搭建方法	4
		(2) 团队分工调整方法	3
	2-2 团队文化建设	(1) 团队文化理念建立方法	3
		(2) 团队管理规范制定方法	3
3．培训指导	3-1 培训	(1) 培训教学工作要求与技巧	3
		(2) 培训考评体系建立方法	4
	3-2 指导	(1) 专业技能指导考评方法	3
		(2) 培训效果评估方法	3
课堂学时合计			46

2) 直播销售员

模块	课程	学习单元	课堂学时
1．直播营销	1-1 营销计划	(1) 多媒介传播方法	5
		(2) 营销效果评估方法	5
	1-2 直播规划	(1) 直播用户管理方法	5
		(2) 提升用户购买率方法	5
2．团队管理	2-1 团队架构设置	(1) 团队架构搭建方法	4
		(2) 团队分工调整方法	4
	2-2 团队文化建设	(1) 团队文化理念建立方法	3
		(2) 团队管理规范制定方法	3
3．培训指导	3-1 培训	(1) 培训教学工作要求与技巧	3
		(2) 培训考评体系建立方法	3
	3-2 指导	(1) 专业技能指导考评方法	3
		(2) 培训效果评估方法	3
课堂学时合计			46

3）视频创推员

模块	课程	学习单元	课堂学时
1．视频创推	1-1 视频内容	（1）视频矩阵建立方法	5
		（2）视频账号孵化方法	5
	1-2 视频推广	（1）传播路径监控方法	5
		（2）视频推广计划制订方法	5
2．团队管理	2-1 团队架构设置	（1）团队架构搭建方法	4
		（2）团队分工调整方法	4
	2-2 团队文化建设	（1）团队文化理念建立方法	3
		（2）团队管理规范制定方法	3
3．培训指导	3-1 培训	（1）培训教学工作要求与技巧	3
		（2）培训考评体系建立方法	3
	3-2 指导	（1）专业技能指导考评方法	3
		（2）培训效果评估方法	3
课堂学时合计			46

1.1.3　培训课程选择指导

职业基本素质培训课程为必修课程，相当于本职业的入门课程。各级别职业技能培训课程由培训机构教师根据培训学员实际情况，遵循高级别涵盖低级别的原则进行选择。

原则上，初入职的培训学员应学习职业基本素质培训课程和互联网营销师五级/初级职业技能培训课程的全部内容；有职业技能等级提升需求的培训学员，可按照国家职业技能标准的"鉴定要求"，对照自身需求选择更高等级的培训课程。

具有一定从业经验、无职业技能等级提升需求的培训学员，可根据自身实际情况自主选择本职业培训课程。具体方法为：（1）选择课程模块；（2）在模块中筛选课程；（3）在课程中筛选学习单元；（4）组合成本次培训的整个课程。

培训教师可以根据以上方法对培训学员进行单独指导。对于订单培训，培训教师可以按照以上方法，对照订单要求进行培训课程的选择。

1.2 职业指南

1.2.1 职业描述

互联网营销师是在数字化信息平台上，运用网络的交互性与传播公信力，对企业产品进行营销推广的人员。

1.2.2 职业培训对象

互联网营销师职业培训的主要对象包括：城乡未继续升学的应届初高中毕业生、农村转移就业劳动者、城镇登记失业人员、转岗转业人员、退役军人、企业在职职工和高校毕业生等各类有培训需求的人员。

1.2.3 就业前景

随着当前企业"云工作"模式的开展，各行各业都在互联网营销领域中找到新的可能性。互联网营销朝着更多元化方向发展的同时，企业对互联网营销人才的需求一直保持高增长势头。

互联网营销师的工作岗位有：产品策划、视频运营、视频编导、品牌招商、平台账号运营、直播中控、社群运营、直播运营、直播客服、直播导演、电商直播销售、数据分析等，并可以视情况在互联网营销师职业领域中发展成为选品专家、商务经理、品牌营销经理、电商经理、数据产品经理、内容运营经理等。

1.3 培训机构设置指南

1.3.1 师资配备要求

（1）培训教师任职基本条件

1）培训五级/初级、四级/中级互联网营销师的教师应具有本职业或相关职业三级/高级及以上职业技能等级证书，或相关专业中级及以上专业技术职务任职资格。

2）培训三级/高级、二级/技师互联网营销师的教师应具有本职业或相关职业一级/高级技师职业技能等级证书，或相关专业高级及以上专业技术职务任职资格。

3）培训一级/高级技师互联网营销师的教师应具有本职业或相关职业一级/高级技师职业技能等级证书2年以上，或相关专业高级及以上专业技术职务任职资格。

（2）培训教师数量要求（以30人培训班为基准）

1）理论课教师：1人以上，培训规模超过30人的，按照教师与学员比例不低于1∶30配备教师。

2）实习指导教师：1人以上，培训规模超过30人的，按照教师与学员比例不低于1∶30配备教师。

1.3.2 培训场所设备配置要求

互联网营销师可采用线下、线上或线下线上结合的培训形式。培训场所设备配置要求如下（以30人培训班为基准）。

（1）理论知识培训场所设备配置要求：50 m² 以上标准教室，多媒体教学设备（计算机、投影仪、幕布或显示屏、网络接入设备、音响设备等），黑（白）板，30套以上桌椅，符合照明、通风、安全等相关规定。

采用线上培训的须具备30名学员在线学习的互联网条件。

（2）操作技能培训场所设备配置要求：工位充足，设备设施配套齐全，符合环保、安全、卫生、消防、通风和照明等相关规定。培训场所应具备教师演示和学员练习两个功能，包括讲解区、演示场地、训练场地等功能区。

采用线上培训的，教学资源和授课形式须按实训内容要求，搭建模拟情景及测试模型，还原实战环境，通过智能评价技术（语音、人脸、图像识别等技术）进行全流程自动化的学习和评价。

实训设备、用具及其他物品、材料等配置要求如下：

序号	设备、用具及其他物品、材料	数量或规格说明	选品员	直播销售员	视频创推员	平台管理员
1	手机	30部以上	√	√	√	√
2	计算机	30台以上	√	√	√	√
3	声卡	10～20个		√		√
4	环形补光灯	10～20台		√	√	

续表

序号	设备、用具及其他物品、材料	数量或规格说明	选品员	直播销售员	视频创推员	平台管理员
5	手机支架	30个以上	✓	✓	✓	✓
6	摄像机	10～15台		✓	✓	✓
7	LED灯	10～15台		✓	✓	✓
8	无线麦克风	10～20个		✓		✓
9	产品展示台	10～20台	✓	✓		
10	监视器	10～15台		✓	✓	✓
11	监听耳机	3～5个			✓	
12	导播台	5～10台				✓
13	提词器	10～20台		✓		✓
14	无线路由器	1台		✓		✓
15	产品陈列架	10～15个	✓			
16	道具架	10～15个	✓	✓	✓	

1.3.3 教学资料配备要求

（1）培训规范：《互联网营销师国家职业技能标准》《互联网营销师职业基本素质培训要求》《互联网营销师职业技能培训要求》《互联网营销师职业基本素质培训课程规范》《互联网营销师职业技能培训课程规范》《互联网营销师职业基本素质培训考核规范》《互联网营销师职业技能培训理论知识考核规范》《互联网营销师职业技能培训操作技能考核规范》。

（2）教学资源、教材教辅、网络资源等内容必须符合"（1）培训规范"。

1.3.4 管理人员配备要求

（1）专职校长：1人，应具有大专及以上文化程度，中级及以上专业技术职务任职资格，从事职业技术教育及教学管理5年以上，熟悉职业培训的有关法律、法规。

（2）教学管理人员：2人或以上，专职不少于1人；应具有大专及以上文化程度，中级及以上专业技术职务任职资格，从事职业技术教育及教学管理5年以上，具有丰富的教学管理经验。

1.3.5 管理制度要求

培训机构应建立完备的管理制度,包括办学章程与发展规划、教学管理、教师管理、学员管理、财务管理、培训场所与设备管理等制度。

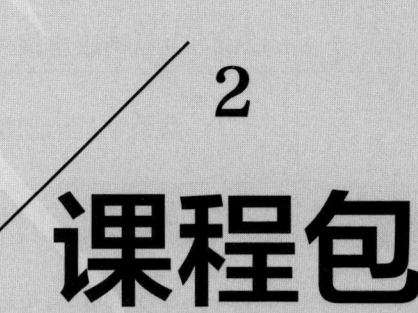

2 课程包

2.1 培训要求

2.1.1 职业基本素质培训要求

职业基本素质模块	培训内容	培训细目
1．职业认知与职业道德	1-1 职业认知	互联网营销师职业认知
	1-2 职业道德基本知识	职业道德与职业守则
2．计算机及网络应用知识	2-1 计算机基础知识	计算机系统与移动设备基础知识
	2-2 互联网应用相关知识	网络组成及应用
3．营销基础知识	3-1 营销学基础知识	（1）市场与市场营销
		（2）市场营销相关基本概念
	3-2 互联网营销定义、分类和职能	互联网营销定义、分类和职能
	3-3 互联网营销传播特点	互联网营销传播特点
	3-4 互联网营销策略及主要方法	互联网营销策略及主要方法
4．传播内容制作基础知识	4-1 摄影、录像拍摄基础知识	（1）摄影设备与基础知识
		（2）摄影基本技巧
	4-2 图片、视频编辑制作基础知识	（1）图片制作基础知识
		（2）视频制作基础知识
	4-3 视听语言表达基础知识	（1）视觉语言构成
		（2）听觉语言构成
	4-4 新媒体应用基础知识	（1）新媒体平台运营
		（2）新媒体内容运营
	4-5 多媒体技术基础知识	多媒体技术基础知识
5．产品基础知识	5-1 产品质量知识	（1）产品标准与质量认证
		（2）产品检验与质量监督
	5-2 产品分类与编码	产品分类与编码
	5-3 特殊产品宣传知识	特殊产品宣传

续表

职业基本素质模块	培训内容		培训细目
6．安全基础知识	6-1	网络信息安全知识	网络信息安全威胁与保护
	6-2	设备及操作安全知识	设备实体安全与存储介质安全
	6-3	场地环境安全知识	物理环境安全与通信线路安全
7．相关法律、法规知识	7-1	互联网营销法律、法规概述	网络行为中参与各方法律
	7-2	互联网营销相关法律、法规知识	互联网营销相关法律、法规知识

2.1.2 五级／初级职业技能培训要求

（1）选品员

职业功能模块	培训内容		技能目标	培训细目
1．工作准备	1-1 宣传准备		1-1-1 能搜集产品图文素材	（1）确定产品图文素材关键词 （2）搜集产品图文素材
			1-1-2 能使用网络搜索工具核实、整理产品图文素材信息	（1）遴选网络搜索工具 （2）使用网络搜索工具核实、整理产品图文素材信息
			1-1-3 能编写和发布产品图文信息预告	（1）编写产品图文信息预告 （2）发布产品图文信息预告
			1-1-4 能搜集相关网络舆情风险信息	（1）通过关键词搜集相关网络舆情风险信息 （2）通过互联网监管部门官方网站搜集相关网络舆情风险信息
	1-2 设备、软件和材料准备		1-2-1 能下载、安装直播软件	（1）在应用市场搜索、下载直播软件 （2）安装直播软件
			1-2-2 能准备直播样品	（1）设定直播样品出场顺序 （2）按照出场顺序放置直播样品
	1-3 风险评估		1-3-1 能提出断网、断电等简单故障解决方法	提出断网、断电等简单故障解决方法
			1-3-2 能判断营销过程中法律、法规风险	（1）查询营销相关法律、法规和平台规则 （2）判断营销过程中法律、法规风险类型

续表

职业功能模块	培训内容	技能目标	培训细目
2．产品信息收集	2-1 市场调研	2-1-1 能收集和汇总营销产品相关信息	（1）收集营销产品相关信息 （2）汇总营销产品相关信息
		2-1-2 能收集和汇总产品营销方案的相关信息	（1）收集产品营销方案相关信息 （2）汇总产品营销方案相关信息
	2-2 样品搜集	2-2-1 能选择销售产品样品	（1）发布样品需求 （2）搜集、整理样品
		2-2-2 能跟踪和查询样品寄送进度	跟踪和查询样品寄送进度
		2-2-3 能记录样品到达状态信息	（1）设计到达样品信息表 （2）记录样品到达状态信息
3．产品确定及规划	3-1 样品试用及分析	3-1-1 能试用样品	（1）试用样品 （2）撰写产品外观、包装等基础信息报告
		3-1-2 能比对分析产品信息与样品差异并进行分析	（1）比对产品图文信息与样品外观差异 （2）分析判断差异对产品营销影响
	3-2 营销卖点分析	3-2-1 能汇总产品优缺点	（1）汇总产品营销卖点、优势信息 （2）汇总产品问题信息
		3-2-2 能根据产品特点编写产品介绍	（1）提炼产品核心功能和使用场景 （2）编写产品介绍
	3-3 商谈合作方式	3-3-1 能商议产品报价	（1）利润预期计算 （2）制订合作定价方案 （3）定价方案谈判
		3-3-2 能与商家签订合作协议	（1）起草合作协议 （2）洽谈合作协议 （3）签订合作协议

（2）直播销售员

职业功能模块	培训内容	技能目标	培训细目
1．工作准备	1-1 宣传准备	1-1-1 能搜集产品图文素材	（1）确定产品图文素材关键词 （2）搜集产品图文素材
		1-1-2 能使用网络搜索工具核实、整理产品图文素材信息	（1）使用网络搜索工具 （2）使用网络搜索工具核实产品图文素材信息 （3）整理产品图文素材信息
		1-1-3 能编写和发布图文信息预告	（1）编写产品图文信息预告 （2）发布产品图文信息预告
		1-1-4 能搜集相关网络舆情风险信息	（1）通过关键词搜集相关网络舆情风险信息 （2）通过互联网监管部门官方网站搜集相关网络舆情风险信息
	1-2 设备、软件和材料准备	1-2-1 能连接硬件设备	（1）连接硬件设备 （2）调试硬件设备
		1-2-2 能下载、安装直播软件	（1）下载直播软件 （2）安装直播软件
		1-2-3 能选择直播道具及场地	（1）认识常见直播道具 （2）选择直播场地
	1-3 风险评估	1-3-1 能解决断网、断电故障问题	（1）识别断网、断电故障 （2）制定断网、断电紧急预案
		1-3-2 能判断并防范营销过程中法律、法规风险	（1）识别与判断营销过程中法律、法规风险 （2）制定营销过程中法律、法规风险防范措施
2．直播营销	2-1 直播预演	2-1-1 能撰写单品直播脚本	（1）选择单品直播脚本构成要素 （2）撰写单品直播脚本文案
		2-1-2 能进行单品直播预演	（1）选择单品直播方式 （2）制定单品直播流程 （3）预演单品直播流程
	2-2 直播销售	2-2-1 能使用FAB分析法	（1）认识产品基本特点 （2）讲解产品基本流程 （3）介绍产品卖点
		2-2-2 能展示销售产品	（1）辨别直播产品类目 （2）展示不同类目产品
		2-2-3 能引导用户下单	（1）分析用户购买行为 （2）引导用户下单

续表

职业功能模块	培训内容	技能目标	培训细目
3．售后与复盘	3-1 售后	3-1-1 能查询产品发货进度	(1) 查询平台产品发货规则 (2) 查询产品发货进度 (3) 解决常见发货纠纷
		3-1-2 能处理用户反馈问题	(1) 分辨用户反馈问题类型 (2) 分类处理用户反馈问题
	3-2 复盘	3-2-1 能采集营销数据	(1) 分辨营销数据类型 (2) 分析营销数据的各项指标 (3) 采集不同平台营销数据
		3-2-2 能统计营销数据	(1) 通过直播平台后台统计营销数据 (2) 通过第三方平台统计营销数据 (3) 通过电子表格软件统计营销数据

（3）视频创推员

职业功能模块	培训内容	技能目标	培训细目
1．工作准备	1-1 宣传准备	1-1-1 能搜集产品图文素材	(1) 搜集产品图片素材 (2) 搜集产品文案素材 (3) 搜集产品视频素材
		1-1-2 能使用网络搜索工具核实、整理产品图文素材信息	(1) 使用网络搜索工具进行搜索 (2) 整理产品图文素材信息
		1-1-3 能编写和发布产品图文信息预告	(1) 编写产品图文信息预告 (2) 多渠道发布产品图文信息预告
		1-1-4 能搜集相关网络舆情风险信息	(1) 查找相关网络舆情风险点 (2) 搜集相关网络舆情风险信息
	1-2 设备、软件和材料准备	1-2-1 能连接硬件设备	(1) 连接调试摄影硬件设备 (2) 匹配并连接录音设备 (3) 连接拍摄辅助设备
		1-2-2 能下载、安装视频平台软件	(1) 下载及安装视频制作软件 (2) 下载及安装视频平台
	1-3 风险评估	1-3-1 能提出断网、断电等故障解决方法	(1) 排查常用设备或环境故障 (2) 应急处理现场故障

续表

职业功能模块	培训内容	技能目标	培训细目
1．工作准备	1-3 风险评估	1-3-2 能判断营销过程中法律、法规风险	(1) 预判产品相关法律、法规风险 (2) 预判知识产权相关法律、法规风险 (3) 预判网络信息传播相关法律、法规风险
2．视频创推	2-1 视频创作	2-1-1 能根据脚本使用手机软件拍摄产品	(1) 根据脚本匹配适合手机拍摄软件 (2) 使用手机软件拍摄产品 (3) 判断拍摄素材质量
		2-1-2 能在拍摄过程中呈现产品特征	(1) 分析产品已投放广告拍摄方法 (2) 制作符合产品预期用户视觉习惯产品呈现场景 (3) 拍摄体现产品营销点特写镜头
		2-1-3 能在视频平台上保存拍摄的视频内容	(1) 在视频平台保存视频素材 (2) 在网络云盘保存备份视频素材
	2-2 视频推广	2-2-1 能按照平台要求上传视频	(1) 上传视频平台规范 (2) 判断视频是否正确上传
		2-2-2 能按照平台要求发布视频	(1) 撰写视频标题 (2) 设置视频标签 (3) 计划视频发布时间
		2-2-3 能通过社交媒体等方式推广视频内容	(1) 通过微信朋友圈分享视频内容 (2) 通过QQ群和QQ空间分享视频内容 (3) 通过微博分享短视频内容 (4) 通过今日头条分享短视频内容
3．售后与复盘	3-1 售后	3-1-1 能查询产品发货进度	(1) 使用视频平台查询下单用户订单信息 (2) 查询物流信息及售后状态
		3-1-2 能处理用户反馈问题	(1) 使用评论功能回复用户反馈问题 (2) 使用私信功能回复用户反馈问题 (3) 使用视频平台电商客服工作台处理用户问题

续表

职业功能模块	培训内容	技能目标	培训细目
3. 售后与复盘	3-2 复盘	3-2-1 能采集营销数据	(1) 采集视频内容质量指标 (2) 采集视频带货相关指标 (3) 关注视频核心指标
		3-2-2 能使用统计软件	(1) 设置统计周期 (2) 设置数据指标并查看视频排名 (3) 分类视频内容关键词并统计数据

（4）平台管理员

职业功能模块	培训内容	技能目标	培训细目
1. 工作准备	1-1 宣传准备	1-1-1 能使用网络搜索工具核实、整理产品图文素材信息	(1) 使用网络搜索工具进行搜索 (2) 整理产品图文素材信息
		1-1-2 能选择发布平台并发布产品图文信息预告	(1) 区分产品图文信息预告类型 (2) 选择产品图文信息预告发布平台 (3) 发布产品图文信息预告 (4) 维护产品图文信息预告
		1-1-3 能搜集相关网络舆情风险信息	(1) 选择相关网络舆情风险信息搜索渠道 (2) 搜集相关网络舆情风险信息
	1-2 设备、软件和材料准备	1-2-1 能安装、调试硬件设备	(1) 选择硬件设备 (2) 安装硬件设备 (3) 调试硬件设备
		1-2-2 能下载、安装直播软件	(1) 下载、安装直播软件 (2) 测试直播软件功能
		1-2-3 能选择直播道具及场地	(1) 认识常见直播道具 (2) 选择直播场地
	1-3 风险评估	1-3-1 能解决断网、断电等故障	(1) 预判常见故障可能原因 (2) 排查常见故障 (3) 规避常见故障
		1-3-2 能判断营销过程中法律、法规风险	(1) 解读营销相关法律、法规 (2) 解读营销平台规则 (3) 判断营销违规风险

续表

职业功能模块	培训内容	技能目标	培训细目
2．技术支持与互动管理	2-1 技术支持	2-1-1 能测试网络环境	测试网络环境
		2-1-2 能测试直播设备	测试直播设备
		2-1-3 能发布产品链接	(1) 准备产品链接信息 (2) 设置产品链接 (3) 发布产品链接
	2-2 互动管理	2-2-1 能使用评论、回复等功能与用户沟通	使用用户沟通功能
		2-2-2 能使用后台管理功能	(1) 登录后台管理系统 (2) 使用后台管理功能
3．售后与复盘	3-1 售后	3-1-1 能查询产品发货进度	(1) 区分产品订单类别 (2) 查询产品订单信息 (3) 查询产品订单进度
		3-1-2 能处理用户反馈问题	(1) 分辨用户反馈问题的类型 (2) 分类处理用户反馈问题
	3-2 复盘	3-2-1 能采集营销数据	(1) 梳理营销数据采集类目 (2) 管理营销数据采集渠道 (3) 采集营销数据
		3-2-2 能统计营销数据	(1) 使用营销数据统计软件 (2) 统计营销数据

2.1.3　四级/中级职业技能培训要求

（1）选品员

职业功能模块	培训内容	技能目标	培训细目
1．工作准备	1-1 宣传准备	1-1-1 能制订产品图文素材搜集计划	(1) 确定产品图文素材搜集目标和路径 (2) 撰写产品图文素材搜集计划
		1-1-2 能制作产品专属宣传素材	(1) 使用素材制作软件 (2) 设计产品宣传素材创意
		1-1-3 能汇总、统计相关网络舆情风险信息	(1) 汇总、统计品类方面网络舆情风险信息 (2) 汇总、统计品牌方面网络舆情风险信息

续表

职业功能模块	培训内容	技能目标	培训细目
1. 工作准备	1-2 设备、软件和材料准备	1-2-1 能盘点样品库	(1) 按照时间跨度盘点样品 (2) 按照内容盘点样品 (3) 按照作用盘点样品
		1-2-2 能制订样品（道具）搭配计划	(1) 确定样品（道具）搭配原则 (2) 制订样品（道具）搭配计划
	1-3 风险评估	1-3-1 能评估团队协作风险	(1) 制定团队协作风险评估指标 (2) 评估团队协作风险
		1-3-2 能制订并执行风险应对计划	制订并执行风险应对计划
2. 产品信息收集	2-1 市场调研	2-1-1 能收集产品的溯源信息	(1) 选择产品溯源方式 (2) 进行产品溯源
		2-1-2 能根据产品进行用户调研	(1) 设计用户调研目标和内容 (2) 收集用户调研信息 (3) 撰写用户调研报告
		2-1-3 能对竞品进行调研	(1) 收集竞品信息 (2) 选择竞品调研方式 (3) 调研竞品
	2-2 调研结果分析	2-2-1 能对收集到的信息进行分类	(1) 确定信息分类原则 (2) 对收集到的信息进行分类
		2-2-2 能对收集到的信息进行比对	(1) 对收集到的信息进行比对 (2) 撰写竞品分析报告
	2-3 样品搜集	2-3-1 能根据营销方案提出样品具体要求	根据营销方案提出样品具体要求
		2-3-2 能对收到的样品进行分类管理并制订试用计划	(1) 制定样品分类管理标准 (2) 制订样品试用计划
3. 产品确定及规划	3-1 样品试用及分析	3-1-1 能比对样品试用后效果与产品描述差异	(1) 比对样品试用后效果与产品描述差异 (2) 编制样品试用评测报告
		3-1-2 能比对产品在不同平台价格并进行分析	(1) 搜索产品在不同平台价格 (2) 比对产品在不同平台价格并进行分析

续表

职业功能模块	培训内容	技能目标	培训细目
3．产品确定及规划	3-2 确定营销卖点	3-2-1 能进行营销定位	（1）提炼产品卖点 （2）确定产品营销定位 （3）编制基于营销定位产品营销方案
		3-2-2 能编写产品营销话术	（1）分析用户消费心理 （2）确定营销卖点 （3）编写产品营销话术
	3-3 确定合作方式	3-3-1 能根据产品特性提出合作建议	（1）制定合作框架 （2）编写合作建议
		3-3-2 能设计合作方式结算方案	（1）设计合作方式结算方案 （2）撰写结算报告

（2）直播销售员

职业功能模块	培训内容	技能目标	培训细目
1．工作准备	1-1 宣传准备	1-1-1 能制作并发布产品专属宣传素材	（1）选择产品专属宣传素材类型 （2）产品海报宣传素材及其制作技巧 （3）产品短视频宣传素材及其制作技巧 （4）产品软文宣传素材及其制作技巧 （5）产品专属宣传素材发布
		1-1-2 能制订、执行跨平台宣传计划	（1）选择宣传平台 （2）制订跨平台宣传计划 （3）执行跨平台宣传计划
		1-1-3 能汇总、统计相关网络舆情风险信息	（1）判断相关网络舆情风险等级 （2）利用第三方平台汇总、统计相关网络舆情风险信息 （3）汇总、统计相关网络舆情风险信息
	1-2 设备、软件和材料准备	1-2-1 能制订样品（道具）搭配计划	（1）制订样品搭配计划 （2）制订道具搭配计划
		1-2-2 能制订出镜者形象方案	（1）根据身份设计确定出镜者形象 （2）选择出镜者服装妆容 （3）评估、调整出镜者形象细节

续表

职业功能模块	培训内容	技能目标	培训细目
1. 工作准备	1-3 风险评估	1-3-1 能评估团队协作风险	（1）评估团队协作风险 （2）评估外部协作潜在风险
		1-3-2 能制订并执行直播中常见风险应对计划	（1）分辨电商直播风险类型 （2）制订并执行电商直播主体风险应对计划 （3）制订并执行电商直播产品风险应对计划 （4）制订并执行电商直播平台风险应对计划
2. 直播营销	2-1 直播预演	2-1-1 能撰写团队协作直播脚本	（1）选择直播团队架构 （2）撰写团队协作直播脚本 （3）制定团队协作方案
		2-1-2 能测试直播营销流程	（1）制定直播营销流程 （2）评估直播营销流程
	2-2 直播销售	2-2-1 能使用营销话术介绍产品特点	（1）使用常用直播营销话术 （2）利用营销话术介绍产品特点
		2-2-2 能介绍平台优惠及产品折扣信息	（1）分辨常用促销方式 （2）开展福利营销 （3）引导用户关注平台优惠活动信息
3. 售后与复盘	3-1 售后	3-1-1 能分析、汇总异常数据	（1）分辨异常数据 （2）使用电子表格软件分析、汇总异常数据 （3）利用异常数据进行直播效果分析
		3-1-2 能建立售后标准工作流程	（1）建立售后服务规范 （2）建立用户投诉处理流程 （3）建立售后标准工作流程
	3-2 复盘	3-2-1 能复核售前预测数据	（1）分析售前预测数据 （2）评估售前预测数据各项指标含义和作用 （3）复核售前预测数据
		3-2-2 能分析、优化营销方案	（1）制定营销方案优化目标 （2）分析营销方案查找问题 （3）优化营销方案

(3) 视频创推员

职业功能模块	培训内容	技能目标	培训细目
1. 工作准备	1-1 宣传准备	1-1-1 能制作并发布产品专属宣传素材	(1) 制作产品图片素材 (2) 制作产品文案素材 (3) 制作产品视频素材
		1-1-2 能制订、执行跨平台宣传计划	(1) 选择视频推广平台 (2) 评估平台宣传的价值 (3) 制订跨平台宣传计划 (4) 执行跨平台宣传计划
		1-1-3 能汇总、统计相关网络舆情风险信息	(1) 选择网络舆情风险监测手段和方法 (2) 确定网络舆情风险统计通报方法
	1-2 设备、软件和材料准备	1-2-1 能制订样品（道具）搭配计划	(1) 分辨常见道具分类 (2) 制订样品搭配计划 (3) 制订道具搭配计划 (4) 根据需要设计特色原创道具
		1-2-2 能制订出镜者形象方案	(1) 根据身份设计确定出镜者形象 (2) 选择出镜者服装妆容 (3) 评估、调整出镜者形象细节
	1-3 风险评估	1-3-1 能评估团队协作风险	(1) 评估团队协作风险 (2) 评估外部协作潜在风险
		1-3-2 能制订并执行直播中常见风险应对计划	(1) 辨别直播中风险 (2) 制订常见风险应对计划 (3) 执行常见风险应对计划
2. 视频创推	2-1 视频创作	2-1-1 能制订拍摄方案	(1) 确定视频拍摄规划原则 (2) 编写视频拍摄脚本
		2-1-2 能对拍摄素材进行分类管理	(1) 整理拍摄素材 (2) 分类命名拍摄素材 (3) 设置拍摄素材备份方法及管理周期
		2-1-3 能对素材进行剪辑并导出视频	(1) 使用视频剪辑软件功能 (2) 剪辑素材 (3) 选择视频规格并导出视频
	2-2 视频推广	2-2-1 能搜集互联网推广渠道并确认推广方式	(1) 搜集互联网推广渠道 (2) 确认互联网推广方式

续表

职业功能模块	培训内容	技能目标	培训细目
2．视频创推	2-2 视频推广	2-2-2 能使用推广工具增加视频观看、互动等指标	(1) 设置视频推广主要参数指标 (2) 使用推广工具提高视频观看数据 (3) 使用推广工具提升视频互动数据
3．售后与复盘	3-1 售后	3-1-1 能分析、汇总异常数据	(1) 界定异常数据 (2) 分析、汇总异常数据
		3-1-2 能建立售后标准工作流程	(1) 建立售后服务规范 (2) 建立用户投诉处理流程 (3) 建立售后标准工作流程
	3-2 复盘	3-2-1 能对售前预测数据进行复核	(1) 设置售前预测数据关键指标 (2) 比对售前预测和实际数据 (3) 根据视频推广计划定量分析产品销量
		3-2-2 能通过复盘提出营销方案优化建议	(1) 定量分析营销方案与视频数据 (2) 撰写视频创推结案报告 (3) 优化视频创推营销方案

(4) 平台管理员

职业功能模块	培训内容	技能目标	培训细目
1．工作准备	1-1 宣传准备	1-1-1 能选择宣传平台并执行跨平台宣传计划	(1) 选择宣传平台 (2) 执行跨平台宣传计划
		1-1-2 能制订宣传数据监控方案	(1) 监控宣传数据 (2) 分析宣传数据 (3) 制定宣传数据监控方案
		1-1-3 能运用音视频转码工具	运用音视频转码工具
		1-1-4 能汇总、统计相关网络舆情风险信息	(1) 运用相关网络舆情风险信息汇总工具 (2) 汇总、统计相关网络舆情风险信息
	1-2 设备、软件和材料准备	1-2-1 能选择硬件设备	(1) 匹配销售场景 (2) 选择硬件设备
		1-2-2 能搭建与联调设备	(1) 搭建设备 (2) 联调设备

续表

职业功能模块	培训内容	技能目标	培训细目
1. 工作准备	1-3 风险评估	1-3-1 能评估团队协作风险	(1) 使用团队协作管理工具 (2) 评估团队协作风险
		1-3-2 能制订并执行直播中常见风险应对计划	(1) 分辨电商直播风险类型 (2) 制订并执行电商直播主体风险应对计划 (3) 制订并执行电商直播产品风险应对计划 (4) 制订并执行电商直播平台风险应对计划
2. 技术支持与互动管理	2-1 技术支持	2-1-1 能根据直播计划整理设备清单	(1) 明确直播计划 (2) 整理设备清单 (3) 明确设备要求 (4) 检验设备清单
		2-1-2 能排除现场设备故障	(1) 操作常见现场设备 (2) 排除现场设备故障
		2-1-3 能使用直播界面配置功能	使用直播界面配置功能
		2-1-4 能上传产品素材	(1) 梳理产品素材 (2) 上传产品素材
	2-2 互动管理	2-2-1 能制定互动管理规则	(1) 解读平台互动规则 (2) 制定互动管理规则
		2-2-2 能建立互动常见问题库	(1) 分类互动常见问题库 (2) 汇总互动常见问题库 (3) 建立互动常见问题库
3. 售后与复盘	3-1 售后	3-1-1 能分析、汇总异常数据	(1) 分辨异常数据 (2) 使用电子表格软件分析、汇总异常数据 (3) 利用异常数据进行直播效果分析
		3-1-2 能建立售后标准工作流程	(1) 建立售后服务规范 (2) 建立用户投诉处理流程 (3) 建立售后标准工作流程
	3-2 复盘	3-2-1 能分析、评估、复核售前预测数据	(1) 分析售前预测数据 (2) 评估售前预测数据各项指标的含义和作用 (3) 复核售前预测数据
		3-2-2 能分析、优化营销方案	(1) 制定营销方案优化目标 (2) 分析营销方案查找问题 (3) 优化营销方案

2.1.4 三级/高级职业技能培训要求

（1）选品员

职业功能模块	培训内容	技能目标	培训细目
1．工作准备	1-1 宣传准备	1-1-1 能建立第三方宣传供应商资源库	（1）建立第三方宣传供应商遴选标准 （2）建立第三方宣传供应商资源库 （3）分级审查第三方宣传供应商
		1-1-2 能测算预热投入产出比	（1）规划、制定预热方式 （2）测算预热投入产出比
		1-1-3 能协调引流资源并扩大宣传渠道	（1）协调引流资源 （2）扩大宣传渠道
		1-1-4 能分析、研判相关网络舆情风险信息	（1）识别并预判相关网络舆情风险信息 （2）界定网络舆情发展阶段 （3）处理网络舆情
	1-2 设备、软件和材料准备	1-2-1 能建立样品出入库管理制度	（1）规定样品出入库流程 （2）建立样品出入库管理制度
		1-2-2 能制订道具采购计划	（1）制定道具采购原则 （2）制定道具采购预算
	1-3 风险评估	1-3-1 能制定风险管理奖惩制度	（1）确定风险管理奖惩制度主要内容 （2）制定风险管理奖惩制度
		1-3-2 能评估风险防控方案时效性	（1）建立风险动态防控机制 （2）评估风险防控方案时效性
2．产品信息收集	2-1 市场信息管理	2-1-1 能定期跟踪并整理产品销售数据	（1）定期跟踪并整理产品销售数据 （2）分析产品销售数据
		2-1-2 能维护供应商管理系统	（1）分级管理供应商 （2）更新、维护供应商管理系统
		2-1-3 能维护产品价格跟踪系统	（1）监测产品在主流平台销售价格 （2）建立产品价格跟踪系统
	2-2 市场信息分析	2-2-1 能根据调研信息选择产品	（1）分析产品市场信息 （2）进行产品市场调研 （3）根据调研信息选择产品
		2-2-2 能分析产品价格设置的合理性	（1）分析产品价格 （2）设置产品组合销售方式

续表

职业功能模块	培训内容	技能目标	培训细目
3．产品确定及规划	3-1 竞品比对	3-1-1 能比对产品与竞品价格差异	(1) 比对产品与竞品价格差异 (2) 编写产品与竞品价格差异报告
		3-1-2 能比对产品与竞品功能差异	(1) 比对产品与竞品功能差异 (2) 编写产品与竞品功能差异报告
	3-2 确定合作方式	3-2-1 能根据企业需求制定产品营销方案	(1) 编写企业需求报告 (2) 制定产品营销方案
		3-2-2 能判定不同营销方式合作风险	(1) 选择产品营销方式 (2) 判定不同营销方式合作风险

（2）直播销售员

职业功能模块	培训内容	技能目标	培训细目
1．工作准备	1-1 宣传准备	1-1-1 能建立第三方宣传供应商资源库	(1) 建立第三方宣传供应商遴选标准 (2) 建立第三方宣传供应商资源库 (3) 分级审查第三方宣传供应商
		1-1-2 能测算预热投入产出比	(1) 规划、制定预热方式 (2) 测算预热投入产出比
		1-1-3 能协调引流资源并扩大宣传渠道	(1) 协调引流资源 (2) 扩大宣传渠道
		1-1-4 能分析、研判相关网络舆情风险信息	(1) 识别并预判相关网络舆情风险信息 (2) 界定网络舆情的发展阶段 (3) 处理网络舆情
	1-2 设备、软件和材料准备	1-2-1 能根据营销计划选购硬件设备	(1) 根据营销计划匹配硬件设备 (2) 制定硬件设备采购预算表
		1-2-2 能制订道具采购计划	(1) 分析直播道具需求 (2) 制定道具采购预算表

续表

职业功能模块	培训内容	技能目标	培训细目
1．工作准备	1-3 风险评估	1-3-1 能制定直播风险管理奖惩制度	（1）分析直播风险管理模式 （2）制定直播风险管理奖惩制度
		1-3-2 能制订和评估风险防控方案	（1）制订风险防控方案 （2）评估风险防控方案时效性
2．直播营销	2-1 直播预演	2-1-1 能根据直播需求确定团队人员分工	（1）根据直播需求确定团队人员分工 （2）根据直播脚本进行团队直播预演
		2-1-2 能根据直播预演效果调整营销方案	（1）分析直播预演效果 （2）调整营销方案 （3）二次直播预演
	2-2 直播销售	2-2-1 能控制、管理个人情绪	（1）直播销售员心态建立与情绪管理 （2）分析直播销售员情绪变化原因 （3）应对不良情绪方法
		2-2-2 能调动直播间气氛	（1）调动直播间气氛 （2）使用直播互动话术
		2-2-3 能实时调整直播策略	（1）根据直播间实时数据调整直播策略 （2）反馈直播间用户问题
3．售后与复盘	3-1 售后	3-1-1 能使用智能交互系统回复用户信息	（1）使用智能交互系统功能 （2）使用智能交互系统回复用户信息
		3-1-2 能撰写售后工作报告	（1）确认售后分析维度 （2）撰写售后工作报告
	3-2 复盘	3-2-1 能制定数据维度和分析标准	（1）根据直播运营周期目标确定数据维度 （2）根据数据维度制定数据分析标准
		3-2-2 能制定数据采集操作流程	（1）根据直播运营周期目标制订数据采集计划 （2）使用常见数据采集平台采集数据

(3) 视频创推员

职业功能模块	培训内容	技能目标	培训细目
1. 工作准备	1-1 宣传准备	1-1-1 能建立第三方宣传供应商资源库	(1) 建立第三方宣传供应商遴选标准 (2) 建立第三方宣传供应商资源库 (3) 分级审查第三方宣传供应商
		1-1-2 能测算预热投入产出比	(1) 前期预热规划 (2) 测算预热投入产出比
		1-1-3 能协调引流资源并扩大宣传渠道	(1) 划分曝光资源和引流资源 (2) 确定引流宣传实施方法
		1-1-4 能分析、研判相关网络舆情风险信息	(1) 识别并预判相关网络舆情风险信息 (2) 界定网络舆情发展阶段 (3) 网络舆情处理方式
	1-2 设备、软件和材料准备	1-2-1 能根据营销计划选购硬件设备	(1) 制定硬件设备采购预算规划原则 (2) 根据业务发展更新采购计划
		1-2-2 能制订道具采购计划	(1) 制定道具采购预算 (2) 制定道具复用和分配原则 (3) 分析特色道具和自制道具投入产出
	1-3 风险评估	1-3-1 能制定风险管理奖惩制度	(1) 确定风险管理奖惩制度主要内容 (2) 制定风险管理奖惩制度
		1-3-2 能制订和评估风险防控方案	(1) 制定风险防控时效规则 (2) 风险防控保障规划 (3) 更新调整风险防控方案
2. 视频创推	2-1 视频创作	2-1-1 能提炼产品关键标签及卖点	(1) 分析产品用户画像 (2) 提炼产品关键标签 (3) 提炼及分析产品卖点
		2-1-2 能结合产品卖点设计视频创意方案	(1) 产品植入方式 (2) 撰写产品创意方案
		2-1-3 能运用多种拍摄手法展示产品特性	(1) 选择专业拍摄设备 (2) 设置灯光效果 (3) 使用专业录音设备 (4) 使用专业摄影器材
		2-1-4 能对素材进行包装	(1) 使用素材包装软件 (2) 包装拍摄素材

续表

职业功能模块	培训内容	技能目标	培训细目
2. 视频创推	2-2 视频推广	2-2-1 能确定投放对象	(1) 分析视频用户画像数据 (2) 分析营销目标用户购买力 (3) 分析投放渠道与产品匹配度
		2-2-2 能筛选并确认流量资源	(1) 确定流量资源分配机制 (2) 预评估流量资源效果 (3) 分析流量资源与产品匹配度
		2-2-3 能使用数据监控工具实时监控推广效果	(1) 确定流量监控原则 (2) 使用数据监控工具
3. 售后与复盘	3-1 售后	3-1-1 能使用智能交互系统回复用户信息	(1) 分类常见智能系统用户问题 (2) 设置智能交互系统
		3-1-2 能撰写售后工作报告	(1) 确认售后分析维度 (2) 撰写售后工作报告
	3-2 复盘	3-2-1 能制定数据维度和分析标准	(1) 根据视频运营周期目标确定数据维度 (2) 根据数据维度制定数据分析标准
		3-2-2 能制定数据采集操作流程	(1) 根据视频运营周期目标制订数据采集计划 (2) 使用常见数据采集平台采集数据

（4）平台管理员

职业功能模块	培训内容	技能目标	培训细目
1. 工作准备	1-1 宣传准备	1-1-1 能建立第三方宣传供应商资源库	(1) 建立第三方宣传供应商遴选标准 (2) 建立第三方宣传供应商资源库 (3) 分级审查第三方宣传供应商
		1-1-2 能测算预热投入产出比	(1) 规划预热方式 (2) 测算预热投入产出比
		1-1-3 能分析、研判相关网络舆情风险信息	(1) 识别并预判相关网络舆情风险信息 (2) 界定网络舆情发展阶段 (3) 处理网络舆情

续表

职业功能模块	培训内容	技能目标	培训细目
1．工作准备	1-2 设备、软件和材料准备	1-2-1 能根据营销计划选购硬件设备	（1）根据营销计划匹配硬件设备 （2）制定硬件设备采购预算表
		1-2-2 能制定设备状态检测标准	（1）标准操作设备 （2）检测设备效果 （3）制定设备状态检测标准
	1-3 风险评估	1-3-1 能制定风险管理奖惩制度	（1）制定风险管理奖惩制度适用范围 （2）制定风险管理奖惩制度
		1-3-2 能评估风险防控方案时效性	（1）评估风险防控方案 （2）评估风险防控方案时效性
2．技术支持与互动管理	2-1 运维管理	2-1-1 能制订现场设备管理方案	制订现场设备管理方案
		2-1-2 能制定现场技术团队协作规则	（1）使用现场技术团队协作规则撰写工具 （2）制定现场技术团队协作规则
	2-2 技术支持	2-2-1 能制订、执行互动特效方案	（1）制订互动特效方案 （2）执行互动特效方案
		2-2-2 能查看动态网络舆论监控数据	（1）使用动态网络舆论数据监控渠道 （2）监控动态网络舆论数据
		2-2-3 能提供产品实时数据	（1）使用产品实时数据收集渠道 （2）收集产品实时数据
3．售后与复盘	3-1 售后	3-1-1 能使用智能交互系统回复用户信息	（1）使用智能交互系统的功能 （2）使用智能交互系统回复用户信息
		3-1-2 能撰写售后工作报告	（1）确认售后分析维度 （2）撰写售后工作报告
	3-2 复盘	3-2-1 能确定数据维度并制定数据分析标准	（1）根据直播运营周期目标确定数据维度 （2）根据数据维度制定数据分析标准
		3-2-2 能制定数据采集操作流程	（1）根据直播运营周期目标制订数据采集计划 （2）使用常见数据采集平台采集数据

2.1.5 二级/技师职业技能培训要求

（1）选品员

职业功能模块	培训内容	技能目标	培训细目
1．产品确定及规划	1-1 产品分析	1-1-1 能参照产品标准组织产品检验	（1）获取产品检测样本 （2）查验产品质量凭证 （3）组织产品检验 （4）出具产品检验报告
		1-1-2 能跟踪产品发展趋势	（1）搜集产品发展趋势信息 （2）编写产品发展趋势分析报告
		1-1-3 能分析产品转化率的变化因素	（1）厘清产品转化关联因素 （2）分析产品转化率变化因素
		1-1-4 能针对相关网络舆情风险信息提出解决方案	针对相关网络舆情风险信息提出解决方案
	1-2 选品策划	1-2-1 能根据主题活动制订选品方案	（1）设计主题活动 （2）根据主题活动制订选品方案
		1-2-2 能监控选品规划执行进度	监控选品规划执行进度
2．团队管理	2-1 团队架构设置	2-1-1 能制定团队考核标准	（1）制定团队工作目标和任务 （2）制定团队考核核心指标
		2-1-2 能解决跨部门协作问题	（1）建立跨部门协作沟通机制 （2）建立跨部门协作督导制度
	2-2 团队文化建设	2-2-1 能建立员工评价体系	（1）构建员工评价核心指标 （2）建立员工评价体系
		2-2-2 能建立员工互评机制	（1）确定员工互评项目 （2）建立员工互评机制
3．培训指导	3-1 培训	3-1-1 能制订培训计划	（1）确定培训目标、模块和周期 （2）编写培训计划
		3-1-2 能编制培训讲义	（1）根据培训对象设计培训模块和编排培训教学顺序 （2）制定培训大纲 （3）编写培训讲义
		3-1-3 能讲授专业基础知识和技能要求	（1）讲授专业基础知识 （2）讲授专业技能要求

续表

职业功能模块	培训内容	技能目标	培训细目
3．培训指导	3-2 指导	3-2-1 能指导三级/高级及以下级别人员工作	(1) 制订专业技能指导工作方案 (2) 指导三级/高级及以下级别人员工作
		3-2-2 能制定培训指导规范	制定培训指导规范

(2) 直播销售员

职业功能模块	培训内容	技能目标	培训细目
1．直播营销	1-1 营销策划	1-1-1 能制定主题直播间搭建方案	(1) 配置直播设备 (2) 确定直播间主题类型 (3) 使用直播间辅助道具 (4) 布置直播间灯光 (5) 选取拍摄角度
		1-1-2 能制订个人品牌方案	(1) 定位个人品牌 (2) 初步建立个人品牌 (3) 制订个人品牌推广方案
	1-2 直播规划	1-2-1 能制定直播销售周期目标	(1) 制定新号启动阶段直播销售目标及策略 (2) 制定稳定期直播销售目标及策略 (3) 制定业绩下滑期直播销售目标及策略
		1-2-2 能建立直播规范流程	(1) 建立直播流程及相关行为规范 (2) 撰写直播工作方案
2．团队管理	2-1 团队架构设置	2-1-1 能制定团队考核标准	(1) 制定团队工作目标和任务 (2) 制定团队考核核心指标
		2-1-2 能解决跨部门协作问题	(1) 建立跨部门协作沟通机制 (2) 建立跨部门协作督导制度
	2-2 团队文化建设	2-2-1 能建立员工评价体系	(1) 构建员工评价核心指标 (2) 建立员工评价体系
		2-2-2 能建立员工互评机制	(1) 确定员工互评项目 (2) 建立员工互评机制

续表

职业功能模块	培训内容	技能目标	培训细目
3．培训指导	3-1 培训	3-1-1 能制订培训计划	（1）确定培训目标、模块和周期 （2）编写培训计划
		3-1-2 能编制培训讲义	（1）根据培训对象设计培训模块和编排培训教学顺序 （2）制定培训大纲 （3）编写培训讲义
		3-1-3 能讲授专业基础知识和技能要求	（1）讲授专业基础知识 （2）讲授专业技能要求
	3-2 指导	3-2-1 能指导三级/高级及以下级别人员工作	（1）制订专业技能指导工作方案 （2）指导三级/高级及以下级别人员工作
		3-2-2 能制定培训指导规范	制定培训指导规范

（3）视频创推员

职业功能模块	培训内容	技能目标	培训细目
1．视频创推	1-1 视频创作	1-1-1 能制定视频创作规划	（1）全流程制片管理 （2）分析视频创作资源 （3）定位视频内容 （4）撰写视频创作规划
		1-1-2 能制定视频制作流程	（1）制定视频制作步骤 （2）安排、匹配创作人员 （3）撰写视频制作流程
	1-2 视频推广	1-2-1 能打造及传播热点话题	（1）监控热点话题 （2）设计创作方向与热点事件结合点 （3）结合营销目标打造热点话题
		1-2-2 能分析投放效果数据	（1）确定视频投放效果核心数据 （2）数据变化与投放行为对应分析 （3）调整投放策略
		1-2-3 能编制投放预算	（1）设定投放目标数据 （2）核算投放成本 （3）编制投放预算

续表

职业功能模块	培训内容	技能目标	培训细目
2．团队管理	2-1 团队架构设置	2-1-1 能制定团队考核标准	（1）制定团队工作目标和任务 （2）制定团队考核核心指标
		2-1-2 能解决跨部门协作的问题	（1）建立跨部门协作沟通机制 （2）建立跨部门协作督导制度
	2-2 团队文化建设	2-2-1 能建立员工评价体系	（1）构建员工评价核心指标 （2）建立员工评价体系
		2-2-2 能建立员工互评机制	（1）确定员工互评项目 （2）建立员工互评机制
3．培训指导	3-1 培训	3-1-1 能制订培训计划	（1）确定培训目标、模块和周期 （2）编写培训计划
		3-1-2 能编制培训讲义	（1）根据培训对象设计培训模块和编排培训教学顺序 （2）制定培训大纲 （3）编写培训讲义
		3-1-3 能讲授专业基础知识和技能要求	（1）讲授专业基础知识 （2）讲授专业技能要求
	3-2 指导	3-2-1 能指导三级/高级及以下级别人员工作	（1）制订专业技能指导工作方案 （2）指导三级/高级及以下级别人员工作
		3-2-2 能制定培训指导规范	制定培训指导规范

2.1.6　一级/高级技师职业技能培训要求

（1）选品员

职业功能模块	培训内容	技能目标	培训细目
1．产品确定及规划	1-1 产品分析	1-1-1 能预判热销产品	（1）分析热销产品特点 （2）选定产品类目 （3）统计产品销售数据 （4）通过销售数据分析出热销产品
		1-1-2 能根据复购率预判产品销量	（1）计算复购率 （2）预判产品销量
		1-1-3 能建立产品信息数据库	（1）选定产品信息数据源 （2）搭建产品信息数据库 （3）调整和优化产品信息数据库

续表

职业功能模块	培训内容	技能目标	培训细目
1. 产品确定及规划	1-1 产品分析	1-1-4 能组织实施相关网络舆情风险预防工作	(1) 建立产品质量保障和知识产权保护机制 (2) 建立差评应急反应制度
	1-2 选品策划	1-2-1 能建立自有供应链渠道	(1) 制定产品质量标准 (2) 建立多渠道供应链体系 (3) 建立供应链管理系统 (4) 扩展供应链渠道
		1-2-2 能与相关企业共同开发新产品	(1) 研究新产品开发可行性 (2) 组建新产品开发团队 (3) 制订新产品设计方案 (4) 根据预售反馈开展新产品柔性生产
2. 团队管理	2-1 团队架构设置	2-1-1 能根据业务需求搭建团队	(1) 根据选品业务流程设置相关岗位 (2) 制定选品业务相关岗位职责 (3) 搭建选品业务团队
		2-1-2 能根据业务方向调整团队分工	(1) 根据市场变化调整业务方向 (2) 根据业务方向调整团队分工
	2-2 团队文化建设	2-2-1 能建立团队文化理念	(1) 制定团队发展愿景和使命 (2) 提炼团队核心价值观
		2-2-2 能制定团队管理规范	(1) 设置团队管理指标 (2) 制定团队管理规章制度
3. 培训指导	3-1 培训	3-1-1 能组织开展培训教学工作	(1) 设计学员调查问卷 (2) 分析培训需求 (3) 编写培训教学计划 (4) 准备教学器材
		3-1-2 能建立培训考评体系	(1) 设计培训考评关键指标 (2) 建立培训考评体系 (3) 根据学员反馈优化和修订培训考评体系
	3-2 指导	3-2-1 能指导二级/技师及以下级别人员工作	(1) 制定专业技能指导考评方法 (2) 指导二级/技师及以下级别人员掌握选品原则和选品方法 (3) 指导二级/技师及以下级别人员编写选品方案 (4) 指导二级/技师及以下级别人员实施选品作业

续表

职业功能模块	培训内容	技能目标	培训细目
3．培训指导	3-2 指导	3-2-2 能评估培训效果	（1）制订培训效果评估方案 （2）评估学员满意程度 （3）测定学员学习获得程度 （4）考察学员知识运用程度 （5）评估培训社会效益和经济效益

（2）直播销售员

职业功能模块	培训内容	技能目标	培训细目
1．直播营销	1-1 营销计划	1-1-1 能制订多媒介传播计划	（1）明确用户画像 （2）制订直播预热计划 （3）执行直播预热计划 （4）付费推广 （5）直播后二次传播
		1-1-2 能对营销效果进行评估	（1）分析影响营销效果因素 （2）获取营销效果数据 （3）确定反映营销效果常用指标 （4）优化营销效果
	1-2 直播规划	1-2-1 能制订直播用户管理方案	（1）分析直播用户属性及类型 （2）根据直播用户心理制定粉丝管理策略 （3）制订长效直播用户管理计划
		1-2-2 能制订提升用户购买率计划	（1）分析用户购买心理 （2）分析影响用户购买率直播数据 （3）制订通过调整展示方式提高用户购买率计划 （4）制订通过选品提高用户购买率计划 （5）制订通过直播间投放提高用户购买率计划
2．团队管理	2-1 团队架构设置	2-1-1 能根据业务需求搭建团队	（1）根据直播销售业务流程设置相关岗位 （2）制定直播销售业务相关岗位职责 （3）搭建直播销售业务团队
		2-1-2 能根据业务方向调整团队分工	（1）根据市场变化调整业务方向 （2）根据业务方向调整团队分工

续表

职业功能模块	培训内容	技能目标	培训细目
2．团队管理	2-2 团队文化建设	2-2-1 能建立团队文化理念	（1）制定团队发展愿景和使命 （2）提炼团队核心价值观
		2-2-2 能制定团队管理规范	（1）设置团队管理指标 （2）制定团队管理规章制度
3．培训指导	3-1 培训	3-1-1 能组织开展培训教学工作	（1）设计学员调查问卷 （2）分析培训需求 （3）编写培训教学计划 （4）准备教学器材
		3-1-2 能建立培训考评体系	（1）设计培训考评关键指标 （2）建立培训考评体系 （3）根据学员反馈优化和修订培训考评体系
	3-2 指导	3-2-1 能指导二级/技师及以下级别人员工作	（1）制定专业技能指导考评方法 （2）指导二级/技师及以下级别人员掌握直播销售原则和直播销售方法 （3）指导二级/技师及以下级别人员编写直播销售方案 （4）指导二级/技师及以下级别人员实施直播销售作业
		3-2-2 能评估培训效果	（1）制订培训效果评估方案 （2）评估学员满意程度 （3）测定学员学习获得程度 （4）考察学员知识运用程度 （5）评估培训社会效益和经济效益

（3）视频创推员

职业功能模块	培训内容	技能目标	培训细目
1．视频创推	1-1 视频内容	1-1-1 能建立视频矩阵	（1）视频矩阵布局与定位 （2）分析视频矩阵运营优势 （3）分析视频矩阵模式及运营
		1-1-2 能孵化视频账号	（1）定位与管理视频账号 （2）管理视频创作产业链 （3）制定视频账号运营战略
	1-2 视频推广	1-2-1 能依据数据变化情况监控传播路径	（1）传播目标与效果预测 （2）监控传播路径 （3）结合数据调整传播策略

续表

职业功能模块	培训内容	技能目标	培训细目
1. 视频创推	1-2 视频推广	1-2-2 能制订视频推广计划	(1) 制定视频推广目标 (2) 制订视频推广实施方案 (3) 制定视频推广预算
2. 团队管理	2-1 团队架构设置	2-1-1 能根据业务需求搭建团队	(1) 根据视频创推业务流程设置相关岗位 (2) 制定视频创推业务相关岗位职责 (3) 搭建视频创推业务团队
		2-1-2 能根据业务方向调整团队分工	(1) 根据市场变化调整业务方向 (2) 根据业务方向调整团队分工
	2-2 团队文化建设	2-2-1 能建立团队文化理念	(1) 制定团队发展愿景和使命 (2) 提炼团队核心价值观
		2-2-2 能制定团队管理规范	(1) 将团队核心价值观具体量化为团队管理指标 (2) 制定团队管理规章制度
3. 培训指导	3-1 培训	3-1-1 能组织开展培训教学工作	(1) 设计学员调查 (2) 问卷分析培训需求 (3) 编写培训教学计划 (4) 准备教学器材
		3-1-2 能建立培训考评体系	(1) 设计培训考评关键指标 (2) 建立培训考评体系 (3) 根据学员反馈优化和修订培训考评体系
	3-2 指导	3-2-1 能指导二级/技师及以下级别人员工作	(1) 制定专业技能指导考评方法 (2) 指导二级/技师及以下级别人员掌握视频制作方法和视频推广方式 (3) 指导二级/技师及以下级别人员实施视频创推方案
		3-2-2 能评估培训效果	(1) 制订培训效果评估方案 (2) 评估学员满意程度 (3) 测定学员学习获得程度 (4) 考察学员知识运用程度 (5) 评估培训社会效益和经济效益

2.2 课程规范

2.2.1 职业基本素质培训课程规范

模块	课程	学习单元	课程内容	培训建议	课堂学时
1. 职业认知与职业道德	1-1 职业认知	互联网营销师职业认知	1）互联网营销师介绍 2）互联网营销师职业方向 ①技术类岗位方向 ②商务类岗位方向 ③综合管理岗位方向 3）互联网营销师职业前景 ①国家政策 ②社会需要 ③个人发展	（1）方法：讲授法 （2）重点与难点：互联网营销师职业方向	1
	1-2 职业道德基本知识	职业道德与职业守则	1）道德 ①道德含义 ②公民道德规范 ③社会主义核心价值观 2）职业道德 ①职业道德概述 ②职业道德基本要素 ③职业道德基本特点 ④职业道德作用 3）职业守则 ①遵纪守法，诚实守信 ②恪尽职守，勇于创新 ③钻研业务，团结协作 ④严控质量，服务热情	（1）方法：讲授法、案例教学法 （2）重点与难点：互联网营销师职业守则	1
2. 计算机及网络应用知识	2-1 计算机基础知识	计算机系统与移动设备基础知识	1）计算机概述 ①计算机发展简史 ②计算机特点 ③计算机分类 ④计算机应用领域 ⑤计算机新技术、新应用	（1）方法：讲授法、案例教学法 （2）重点：移动设备基础知识	1

续表

模块	课程	学习单元	课程内容	培训建议	课堂学时
2. 计算机及网络应用知识	2-1 计算机基础知识	计算机系统与移动设备基础知识	2）计算机系统概述 ①计算机系统组成 ②计算机基本工作原理 ③计算机硬件 ④计算机软件 3）移动设备基础知识 ①移动设备分类 ②移动设备特点 ③移动设备使用	（3）难点：计算机新技术、新应用	
	2-2 互联网应用相关知识	网络组成及应用	1）互联网概念 2）网络概述 ①网络组成 ②网络分类 ③认识网络常用硬件设备 3）认识Internet ①因特网相关概念（TCP/IP协议、IP地址） ②因特网接入方式 ③因特网提供的服务 ④浏览器使用	（1）方法：讲授法、演示法 （2）重点与难点：因特网接入方式	1
3. 营销基础知识	3-1 营销学基础知识	（1）市场与市场营销	1）市场营销的市场 2）市场营销含义	（1）方法：讲授法 （2）重点与难点：市场营销含义	1
		（2）市场营销相关基本概念	1）市场营销相关概念 ①需要、欲望和需求 ②产品与服务 ③效用、费用和满足 ④交换、交易和关系 2）市场营销观念 ①市场营销观念含义 ②现代市场营销观念与传统市场营销观念的区别	（1）方法：讲授法、案例教学法 （2）重点与难点：市场营销相关概念	1
	3-2 互联网营销定义、分类和职能	互联网营销定义、分类和职能	1）互联网营销定义 ①互联网营销概念 ②互联网营销与传统营销联系、区别	（1）方法：讲授法、案例教学法	1

续表

模块	课程	学习单元	课程内容	培训建议	课堂学时
3．营销基础知识	3-2 互联网营销定义、分类和职能	互联网营销定义、分类和职能	2）互联网营销分类 ①按照商业活动运作方式划分 ②按照网络交易范围划分 ③按照商务活动内容划分 ④按照使用网络类型划分 ⑤按照交易对象划分 ⑥按照网络设备移动状态划分	（2）重点与难点：互联网营销分类	
			3）互联网营销职能 ①互联网营销八大职能 ②互联网营销职能间关系		
	3-3 互联网营销传播特点	互联网营销传播特点	1）互联网传播特点 ①互动性 ②开发性 ③透明性 ④创新性	（1）方法：讲授法 （2）重点与难点：互联网营销传播特点	1
			2）互联网营销传播特点 ①跨时空 ②多媒体交互性 ③个性化 ④整合性 ⑤经济性 ⑥技术性		
	3-4 互联网营销策略及主要方法	互联网营销策略及主要方法	1）互联网营销策略 ①互联网营销产品策略 ②互联网营销价格策略 ③互联网营销渠道策略 ④互联网营销促销策略	（1）方法：讲授法、案例教学法 （2）重点与难点：互联网营销策略	1
			2）互联网营销主要方法 ①搜索引擎营销 ②数据营销 ③视频营销 ④微博营销 ⑤微信营销 ⑥其他营销		

续表

模块	课程	学习单元	课程内容	培训建议	课堂学时
4. 传播内容制作基础知识	4-1 摄影、录像拍摄基础知识	（1）摄影设备与基础知识	1）相机分类和选购 2）镜头选择及参数设置 3）摄影器材基础知识 ①相机操作技巧 ②拍摄辅助器材	（1）方法：讲授法、演示法、实训（练习）法 （2）重点与难点：摄影器材基础知识	1
		（2）摄影基本技巧	1）合理构图 2）摄影三要素	（1）方法：讲授法、演示法、实训（练习）法 （2）重点与难点：摄影基本技巧	1
	4-2 图片、视频编辑制作基础知识	（1）图片制作基础知识	1）图片基础知识 ①图形图像基本概念 ②图形图像格式 2）常用图片制作软件介绍 ① Photoshop 软件 ②手机版常用图片编辑软件	（1）方法：讲授法、演示法 （2）重点与难点：手机版常用图片编辑软件	1
		（2）视频制作基础知识	1）视频编辑制作过程 2）常用视频制作软件介绍 ①电脑版常用视频编辑软件 ②手机版常用视频编辑App	（1）方法：讲授法、演示法、案例教学法 （2）重点与难点：视频编辑制作过程	1
	4-3 视听语言表达基础知识	（1）视觉语言构成	1）人、景、物构成 2）画面与构图 3）光线、色彩运用	（1）方法：讲授法、案例教学法 （2）重点与难点：光线、色彩运用	1
		（2）听觉语言构成	1）声音构成元素 2）声音表现力 3）声画关系	（1）方法：讲授法、案例教学法 （2）重点与难点：声画关系	1
	4-4 新媒体应用基础知识	（1）新媒体平台运营	1）新媒体平台介绍 2）文章类新媒体平台发布与运营 3）视频类新媒体平台发布与运营	（1）方法：讲授法、案例教学法 （2）重点与难点：视频类新媒体平台发布与运营	1

续表

模块	课程	学习单元	课程内容	培训建议	课堂学时
4．传播内容制作基础知识	4-4 新媒体应用基础知识	（2）新媒体内容运营	1）文字排版与处理 2）H5页面制作 3）媒体文案创作	（1）方法：讲授法、案例教学法、演示法 （2）重点与难点：H5页面制作	1
	4-5 多媒体技术基础知识	多媒体技术基础知识	1）多媒体技术概述 2）多媒体技术应用	（1）方法：讲授法 （2）重点与难点：多媒体技术应用	1
5．产品基础知识	5-1 产品质量知识	（1）产品标准与质量认证	1）产品标准与质量 ①产品质量概念 ②现代产品质量观 ③产品质量特性 2）产品质量影响因素 ①生产过程中因素 ②使用过程中因素 ③流通过程中因素 3）产品质量要求 ①纺织品质量要求 ②食品质量要求 ③日用工业品质量要求 4）产品质量认证 ①质量认证形式和实施程序 ②重要的产品质量认证种类	（1）方法：讲授法、案例教学法 （2）重点与难点：产品质量要求	1
		（2）产品检验与质量监督	1）产品检验 ①产品检验依据 ②产品检验方法 2）产品质量监督	（1）方法：讲授法、案例教学法 （2）重点与难点：产品检验方法	1
	5-2 产品分类与编码	产品分类与编码	1）产品分类概述 ①产品分类方法 ②产品分类标志 2）产品编码概述 ①产品目录 ②产品分类代码 ③产品编码	（1）方法：讲授法、实训（练习）法、案例教学法 （2）重点与难点：产品分类方法	1

续表

模块	课程	学习单元	课程内容	培训建议	课堂学时
5．产品基础知识	5-3 特殊产品宣传知识	特殊产品宣传	1）特殊产品概念 2）特殊产品范畴 3）特殊产品广告准则	（1）方法：讲授法、实训（练习）法 （2）重点与难点：特殊产品范畴	1
6．安全基础知识	6-1 网络信息安全知识	网络信息安全威胁与安全保护	1）网络信息安全威胁 ①网络攻击 ②网络信息安全中非技术因素 2）网络信息安全保护 ①数据加密与应用 ②认证技术 ③其他防御技术	（1）方法：讲授法、案例教学法 （2）重点与难点：数据加密与应用	1
6．安全基础知识	6-2 设备及操作安全知识	设备实体安全与存储介质安全	1）设备实体安全 ①设备实体安全威胁 ②设备实体安全防护 2）存储介质安全 ①存储介质安全威胁 ②存储介质安全防护	（1）方法：讲授法、实训（练习）法、案例教学法 （2）重点与难点：设备实体安全防护	1
6．安全基础知识	6-3 场地环境安全知识	物理环境安全与通信线路安全	1）物理环境安全 ①选址安全要求 ②物理环境分析与防护 2）通信线路安全 ①通信线路安全威胁 ②通信线路安全防护	（1）方法：讲授法、实训（练习）法、案例教学法 （2）重点与难点：物理环境安全	1
7．相关法律、法规知识	7-1 互联网营销法律、法规概述	网络行为中参与各方的法律关系	1）电子商务交易中买卖双方当事人权利和义务 2）互联网营销活动主体法律责任 3）互联网营销法规涉及商务范围	（1）方法：讲授法、案例教学法、观摩法 （2）重点与难点：互联网营销活动主体法律责任	1
7．相关法律、法规知识	7-2 互联网营销相关法律、法规知识	互联网营销相关法律、法规知识	1）《中华人民共和国劳动法》 2）《中华人民共和国合同法》 3）《中华人民共和国劳动合同法》 4）《中华人民共和国网络安全法》	（1）方法：讲授法、案例教学法	1

续表

模块	课程	学习单元	课程内容	培训建议	课堂学时
7. 相关法律、法规知识	7-2 互联网营销相关法律、法规知识	互联网营销相关法律、法规知识	5)《中华人民共和国广告法》 ①广告内容准则 ②广告行为规范	(2) 重点与难点：互联网营销师相关法律知识	
			6)《中华人民共和国商标法》		
			7)《中华人民共和国产品质量法》		
			8)《中华人民共和国消费者权益保护法》 ①消费者权利 ②经营者义务		
			9)《中华人民共和国反不正当竞争法》		
			10)《中华人民共和国价格法》		
			11)《中华人民共和国电子商务法》 ①电子商务交易与服务 ②电子商务交易保障		
			12)《中华人民共和国知识产权法》		
			13)《中华人民共和国食品安全法》		
			14)《互联网直播服务管理规定》		
			15)《关于加强网络直播营销活动监管的指导意见》		
			16)《网络交易监督管理办法》		
			17)《互联网信息服务管理办法》		
			18)《互联网新闻信息服务管理规定》		
			19)《网络信息内容生态治理规定》		

续表

模块	课程	学习单元	课程内容	培训建议	课堂学时
7.相关法律、法规知识	7-2 互联网营销相关法律、法规知识	互联网营销相关法律、法规知识	20)《互联网新闻信息服务单位内容管理从业人员管理办法》		
			21)《网络直播营销管理办法（试行）》		
			22)《互联网用户公众账号信息服务管理规定》		
课堂学时合计					28

2.2.2 五级／初级职业技能培训课程规范

(1) 选品员

模块	课程	学习单元	课程内容	培训建议	课堂学时
1.工作准备	1-1 宣传准备	(1) 产品图文素材搜集方法	1) 产品图文素材搜集方法概述	(1) 方法：讲授法、实训（练习）法、演示法 (2) 重点与难点：通过关键词搜索、搜集产品图文素材	1
			2) 确定产品图文素材关键词		
			3) 通过关键词搜索、搜集产品图文素材		
		(2) 网络搜索工具使用方法	1) 网络搜索工具使用方法概述	(1) 方法：讲授法、实训（练习）法、演示法 (2) 重点与难点：使用网络搜索工具核实产品图文素材信息	2
			2) 遴选网络搜索工具		
			3) 使用网络搜索工具核实产品图文素材信息		
			4) 整理搜集的产品图文素材信息		
		(3) 产品图文信息发布技巧	1) 产品图文信息发布技巧概述	(1) 方法：讲授法、演示法、案例教学法 (2) 重点：发布产品图文信息预告 (3) 难点：编写产品图文信息预告	2
			2) 编写产品图文信息预告		
			3) 选择产品图文信息发布平台		
			4) 发布产品图文信息预告		

续表

模块	课程	学习单元	课程内容	培训建议	课堂学时
1. 工作准备	1-1 宣传准备	（4）搜集相关网络舆情风险信息方法	1）搜集相关网络舆情风险信息方法概述 2）通过关键词搜集相关网络舆情风险信息 3）通过互联网监管部门官方网站搜集相关网络舆情风险信息	（1）方法：讲授法、案例教学法 （2）重点与难点：通过关键词搜集相关网络舆情风险信息	1
	1-2 设备、软件和材料准备	（1）软件下载、安装方法	1）软件下载、安装方法概述 2）通过应用市场搜索直播软件 3）下载、安装直播软件	（1）方法：讲授法、实训（练习）法 （2）重点与难点：下载、安装直播软件	2
		（2）直播样品搜集方法	1）直播样品搜集方法概述 2）根据直播计划遴选直播样品 3）设定直播样品出场顺序 4）按照出场顺序放置直播样品	（1）方法：讲授法、案例教学法、实训（练习）法 （2）重点：根据直播计划遴选直播样品 （3）难点：设定直播样品出场顺序	2
	1-3 风险评估	（1）断网、断电等故障解决方法	1）断网、断电等故障解决方法概述 2）用热点共享解决断网问题 3）用不间断电源解决断电问题 4）以图文、视频或直播方式向用户解释断网、断电等故障原因	（1）方法：讲授法、案例教学法、实训（练习）法 （2）重点与难点：以图文、视频或直播方式向用户解释断网、断电等故障原因	1
		（2）营销过程中法律、法规风险判断方法	1）营销过程中法律、法规风险判断方法概述 2）营销相关法律、法规 3）营销相关直播平台规则	（1）方法：讲授法、讨论法	1

续表

模块	课程	学习单元	课程内容	培训建议	课堂学时
1．工作准备	1-3 风险评估	（2）营销过程中法律、法规风险判断方法	4）营销过程中法律、法规风险类型及主要特点 5）对营销实际案例进行法律、法规风险判断	（2）重点与难点：营销过程中法律、法规风险类型及主要特点	
2．产品信息收集	2-1 市场调研	（1）产品销售信息收集和汇总方法	1）产品销售信息收集和汇总方法概述 2）遴选营销产品信息来源 3）收集产品销售相关信息 4）汇总产品销售相关信息	（1）方法：讲授法、案例教学法、实训（练习）法 （2）重点与难点：收集产品销售相关信息	4
		（2）产品营销方案收集和汇总方法	1）产品营销方案收集和汇总方法概述 2）遴选产品营销方案信息来源 3）收集产品营销方案相关信息 4）汇总产品营销方案相关信息	（1）方法：讲授法、讨论法 （2）重点与难点：收集产品营销方案相关信息	4
	2-2 样品搜集	（1）样品选择方法	1）样品选择方法概述 2）发布样品需求 3）搜集、整理样品	（1）方法：讲授法、案例教学法 （2）重点：搜集、整理样品 （3）难点：发布样品需求	4
		（2）物流信息查询方法	1）物流信息查询方法概述 2）跟踪和查询样品寄送进度	（1）方法：讲授法、实训（练习）法 （2）重点与难点：跟踪和查询样品寄送进度	3
		（3）样品到达状态记录方法	1）样品到达状态记录方法概述 2）设计到达样品信息表 3）记录样品到达状态信息	（1）方法：讲授法、实训（练习）法 （2）重点与难点：样品到达状态记录方法	4

续表

模块	课程	学习单元	课程内容	培训建议	课堂学时
3. 产品确定及规划	3-1 样品试用及分析	（1）样品试用注意事项	1）样品试用注意事项概述 2）试用样品 3）撰写样品外观、包装等基础信息报告	（1）方法：讲授法、讨论法 （2）重点：试用样品 （3）难点：撰写样品外观、包装等基础信息报告	3
		（2）产品信息与样品比对方法	1）产品信息与样品比对方法概述 2）比对分析产品信息与样品差异	（1）方法：讲授法、案例教学法 （2）重点与难点：比对分析产品信息与样品差异	4
	3-2 营销卖点分析	（1）产品优缺点汇总方法	1）产品优缺点汇总方法概述 2）从用户角度出发分析产品优缺点 3）汇总产品优缺点	（1）方法：讲授法、案例教学法、实训（练习）法 （2）重点与难点：从用户角度出发分析产品优缺点	4
		（2）产品介绍编写方法	1）产品介绍编写方法概述 2）提炼产品核心功能和典型使用场景 3）提炼产品差异化优势特征 4）编写产品介绍	（1）方法：讲授法、案例教学法 （2）重点与难点：编写产品介绍	3
	3-3 商谈合作方式	（1）产品报价商议方法	1）产品报价商议方法概述 2）对产品进行成本预估 3）设计梯度报价 4）撰写合作定价方案 5）定价方案谈判基本要素	（1）方法：讲授法、案例教学法、实训（练习）法 （2）重点：定价方案谈判基本要素 （3）难点：对产品进行成本预估	4

续表

模块	课程	学习单元	课程内容	培训建议	课堂学时
3．产品确定及规划	3-3 商谈合作方式	（2）合作协议主要内容和签订方法	1）合作协议主要内容和签订方法概述 2）基于《中华人民共和国合同法》起草与商家的合作协议 3）与商家磋商合作协议中的异议条款 4）合作协议签订方法	（1）方法：讲授法、讨论法、案例教学法 （2）重点：基于《中华人民共和国合同法》起草与商家的合作协议 （3）难点：与商家磋商合作协议中的异议条款	3
课堂学时合计					52

（2）直播销售员

模块	课程	学习单元	课程内容	培训建议	课堂学时
1．工作准备	1-1 宣传准备	（1）搜集产品图文素材	1）产品图文素材概述 2）产品图文素材分类 3）产品图文素材搜集渠道及方法	（1）方法：讲授法、演示法、实训（练习）法 （2）重点与难点：产品图文素材搜集步骤	1
		（2）使用网络搜索工具核实、整理产品图文素材信息	1）常用网络搜索工具介绍 2）使用网络搜索工具核实产品图文素材 3）整理产品图文素材信息	（1）方法：讲授法、演示法、实训（练习）法 （2）重点与难点：使用网络搜索工具核实产品图文素材	2
		（3）发布图文信息预告	1）规划直播预告时间 2）撰写直播预告标题 3）选择直播预告封面 4）选择直播预告标签 5）直播预告发布流程	（1）方法：讲授法、演示法、实训（练习）法 （2）重点与难点：直播预告发布流程	1
		（4）搜集相关网络舆情风险信息	1）网络舆情风险概述 2）网络舆情风险类别 3）相关网络舆情风险信息搜集渠道	（1）方法：讲授法、演示法 （2）重点与难点：相关网络舆情风险信息搜集渠道	1

续表

模块	课程	学习单元	课程内容	培训建议	课堂学时
1. 工作准备	1-2 设备、软件和材料准备	（1）连接硬件设备	1）直播硬件设备分类 2）直播硬件设备安装、调试方法 3）直播硬件设备使用注意事项	（1）方法：讲授法、演示法 （2）重点与难点：直播硬件设备安装、调试方法	2
		（2）下载、安装直播软件	1）抖音直播软件下载及安装方法 2）快手直播软件下载及安装方法 3）淘宝直播软件下载及安装方法 4）各大平台直播账号开通方法	（1）方法：讲授法、演示法、实训（练习）法 （2）重点与难点：平台直播软件下载及安装方法	2
		（3）选择直播道具及场地	1）筛选直播道具 2）布置直播场地 3）布置直播间灯光	（1）方法：讲授法、演示法 （2）重点与难点：选择直播道具及场地	1
	1-3 风险评估	（1）解决断网、断电故障问题	1）直播时断网、断电故障判断 2）直播时断网、断电快速解决方法	（1）方法：讲授法、演示法 （2）重点与难点：解决断网、断电故障问题	1
		（2）判断并防范营销过程中法律、法规风险	1）营销过程中法律、法规风险主要类型 2）营销过程中法律、法规风险防范措施	（1）方法：讲授法、演示法 （2）重点与难点：判断并防范营销过程中法律、法规风险	1
2. 直播营销	2-1 直播预演	（1）撰写单品直播脚本	1）单品直播脚本概述 2）单品直播脚本构成要素 3）单品直播文案撰写方法	（1）方法：讲授法、演示法、实训（练习）法 （2）重点：分析产品特性 （3）难点：撰写单品直播脚本	5

续表

模块	课程	学习单元	课程内容	培训建议	课堂学时
2. 直播营销	2-1 直播预演	（2）单品直播预演	1）单品直播基本流程概述 2）常见单品直播方式 3）单品直播预演	（1）方法：讲授法、演示法、实训（练习）法 （2）重点与难点：单品直播流程及预演	6
2. 直播营销	2-2 直播销售	（1）FAB分析法及产品卖点介绍技巧	1）产品类别概述 2）FAB分析法 3）产品卖点介绍技巧	（1）方法：讲授法、演示法、实训（练习）法 （2）重点：FAB分析法 （3）难点：产品卖点介绍技巧	5
2. 直播营销	2-2 直播销售	（2）展示销售产品	1）产品展示概述 2）展示前准备工作 3）不同类型产品展示技巧	（1）方法：讲授法、演示法、实训（练习）法 （2）重点与难点：不同类型产品展示技巧	5
2. 直播营销	2-2 直播销售	（3）引导用户下单	1）用户行为分析 2）引导用户下单常用话术 3）引导用户下单氛围营造 4）引导用户下单时的注意事项	（1）方法：讲授法、讨论法、演示法、实训（练习）法 （2）重点与难点：引导用户下单常用话术	5
3. 售后与复盘	3-1 售后	（1）查询产品发货进度	1）平台产品发货规则查询方法 2）不同平台发货进度查询方法 3）常见发货纠纷	（1）方法：讲授法、演示法、实训（练习）法 （2）重点与难点：查询产品发货进度	3
3. 售后与复盘	3-1 售后	（2）处理用户反馈问题	1）用户反馈问题类型 2）分类处理用户反馈问题 3）处理用户投诉问题	（1）方法：讲授法、讨论法、演示法 （2）重点与难点：处理用户反馈问题	4

续表

模块	课程	学习单元	课程内容	培训建议	课堂学时
3. 售后与复盘	3-2 复盘	（1）采集营销数据	1）营销数据类型 2）营销数据各项指标含义和作用 3）不同平台营销数据采集方法与步骤	（1）方法：讲授法、讨论法、演示法、实训（练习）法 （2）重点与难点：营销数据采集方法与步骤	4
		（2）统计营销数据	1）通过直播平台后台统计营销数据 2）通过第三方平台统计营销数据 3）通过电子表格软件统计营销数据	（1）方法：讲授法、演示法、实训（练习）法 （2）重点与难点：营销数据统计方法	3
课堂学时合计					52

（3）视频创推员

模块	课程	学习单元	课程内容	培训建议	课堂学时
1. 工作准备	1-1 宣传准备	（1）产品图文素材搜集方法	1）产品平面广告构成要素 2）广告文案构成要素 3）广告投放主要渠道	（1）方法：讲授法、演示法 （2）重点与难点：产品平面广告构成要素	1
		（2）网络搜索工具使用方法	1）部分网络搜索工具介绍 2）网络搜索工具使用方法 3）网络信息搜索技巧	（1）方法：讲授法、演示法 （2）重点与难点：网络信息搜索技巧	2
		（3）产品图文信息发布技巧	1）图文信息预告构成要素 2）图文预告发布方法 3）视频预告发布方法	（1）方法：讲授法、案例教学法 （2）重点与难点：视频预告发布方法	2
		（4）相关网络舆情风险信息搜集方法	1）网络舆情风险概念 2）相关网络舆情风险信息搜集渠道	（1）方法：讲授法、案例教学法 （2）重点与难点：相关网络舆情风险信息搜集渠道	1

续表

模块	课程	学习单元	课程内容	培训建议	课堂学时
1. 工作准备	1-2 设备、软件和材料准备	（1）硬件设备安装、调试方法	1）常用摄影设备主要类型及调试方法 2）常用录音设备主要类型及连接方式 3）视频拍摄中常用辅助设备连接方法	（1）方法：讲授法、演示法、实训（练习）法 （2）重点：常用摄影设备主要类型及调试方法 （3）难点：视频拍摄中常用辅助设备连接方法	2
		（2）软件下载、安装方法	1）部分视频制作软件主要功能 2）视频平台相关软件分类 3）视频平台软件安装及注册方法	（1）方法：讲授法、演示法、实训（练习）法 （2）重点与难点：视频平台软件安装及注册方法	2
	1-3 风险评估	（1）断网、断电等故障解决方法	1）现场故障类型 2）现场故障应急处理方法	（1）方法：讲授法、案例教学法 （2）重点与难点：现场故障应急处理方法	1
		（2）营销过程中法律、法规风险判断方法	1）产品相关法律、法规概述 2）知识产权相关法律、法规概述 3）网络信息传播相关法律、法规概述	（1）方法：讲授法、案例教学法 （2）重点与难点：网络信息传播相关法律、法规概述	1
2. 视频创推	2-1 视频创作	（1）手机软件拍摄方法	1）视频脚本基本构成要素 2）手机拍摄软件设置方法 3）手机拍摄辅助硬件设备类型及应用 4）手机拍摄对焦方法 5）视频拍摄构图法则 6）景别分类及表达	（1）方法：讲授法、案例教学法、实训（练习）法 （2）重点：手机拍摄软件设置方法 （3）难点：景别分类及表达	5

续表

模块	课程	学习单元	课程内容	培训建议	课堂学时
2. 视频创推	2-1 视频创作	（2）产品特征呈现技巧	1）产品广告拍摄方法解析 2）视觉和视觉心理 3）广告摄影中视觉特征 4）不同景别产品拍摄方法	（1）方法：讲授法、案例教学法、实训（练习）法 （2）重点与难点：广告摄影中视觉特征	5
		（3）视频保存方法	1）视频平台素材保存方法 2）网络云盘存储、备份方法	（1）方法：讲授法、演示法、实训（练习）法 （2）重点与难点：视频平台素材保存方法	4
	2-2 视频推广	（1）视频上传方法	1）视频平台内容规范要求 2）视频上传步骤	（1）方法：讲授法、演示法、实训（练习）法 （2）重点与难点：视频上传步骤	4
		（2）视频发布方法	1）视频标题主要结构 2）视频平台发布规律分析 3）视频发布主要步骤 4）视频封面设置方法	（1）方法：讲授法、讨论法、案例教学法 （2）重点：视频发布主要步骤 （3）难点：视频平台发布规律分析	4
		（3）推广功能使用方法	1）社交媒体推广文案创作技巧 2）部分视频平台视频发布规范 3）部分视频平台视频发布步骤	（1）方法：讲授法、案例教学法、实训（练习）法 （2）重点与难点：部分视频平台视频发布步骤	4
3. 售后与复盘	3-1 售后	（1）发货进度查询方法	1）部分视频平台售后流程规则 2）售后小助手设置方法 3）用户订单信息查询方法 4）订单管理与订单发货功能操作步骤	（1）方法：讲授法、案例教学法、实训（练习）法 （2）重点与难点：订单管理与订单发货功能操作步骤	3

续表

模块	课程	学习单元	课程内容	培训建议	课堂学时
3. 售后与复盘	3-1 售后	（2）用户投诉问题处理方法	1）用户反馈问题工作流程 2）评论功能使用方法 3）私信功能使用方法	（1）方法：讲授法、案例教学法、实训（练习）法 （2）重点与难点：用户反馈问题工作流程	4
	3-2 复盘	（1）营销数据采集方法	1）视频分析数据采集方法 2）视频营销数据采集方法 3）反映视频内容质量主要指标 4）反映视频带货效果主要指标	（1）方法：讲授法、案例教学法、演示法、实训（练习）法 （2）重点与难点：反映视频带货效果主要指标	4
		（2）统计软件使用方法	1）统计周期设置方式 2）核心数据指标选择方法 3）视频数据模块软件使用方法	（1）方法：讲授法、案例教学法、演示法、实训（练习）法 （2）重点与难点：视频数据模块软件使用方法	3
课堂学时合计					52

（4）平台管理员

模块	课程	学习单元	课程内容	培训建议	课堂学时
1. 工作准备	1-1 宣传准备	（1）使用网络搜索工具核实、整理产品图文素材信息	1）网络搜索工具使用 ①网络搜索工具简介 ②网络搜索工具使用方法 2）产品图文素材搜集与核对 ①产品图文素材简介 ②产品图文素材收集渠道 ③产品图文素材收集步骤 ④产品图文素材核对 ⑤产品图文素材核对注意事项	（1）方法：讲授法、案例教学法、演示法	1

续表

模块	课程	学习单元	课程内容	培训建议	课堂学时
1. 工作准备	1-1 宣传准备	（1）使用网络搜索工具核实、整理产品图文素材信息	3）产品图文素材整理 ①产品图文素材信息整理 ②产品图文素材信息整理注意事项	（2）重点与难点：产品图文素材搜集与核对	
		（2）产品图文信息预告发布	1）产品图文信息预告概述 2）产品图文信息预告发布类型 3）产品图文信息预告发布平台选择 4）产品图文信息预告发布操作技巧 5）产品图文信息预告发布维护技巧 6）产品图文信息预告发布注意事项	（1）方法：讲授法、案例教学法、演示法、实训（练习）法 （2）重点与难点：产品图文信息预告发布操作技巧	2
		（3）相关网络舆情风险信息搜集	1）相关网络舆情风险信息概论 2）相关网络舆情风险信息监测目的 3）相关网络舆情风险信息监测意义 4）相关网络舆情风险信息搜索渠道 5）相关网络舆情风险信息搜集方法 6）相关网络舆情风险信息搜集注意事项	（1）方法：讲授法、案例教学法、演示法 （2）重点与难点：相关网络舆情风险信息搜集方法	2
	1-2 设备、软件和材料准备	（1）硬件设备安装、调试	1）硬件设备介绍 2）硬件设备选择方法 3）硬件设备安装方法 4）硬件设备调试方法	（1）方法：讲授法、案例教学法、演示法、实训（练习）法 （2）重点：硬件设备安装方法 （3）难点：硬件设备调试方法	2

续表

模块	课程	学习单元	课程内容	培训建议	课堂学时
1. 工作准备	1-2 设备、软件和材料准备	（2）直播软件下载、安装	1）直播软件性质及功能介绍 2）直播软件下载、安装方法 3）直播软件下载、安装注意事项 4）直播软件功能测试	（1）方法：讲授法、案例教学法、演示法、实训（练习）法 （2）重点与难点：直播软件下载、安装方法	1
		（3）直播道具及场地选择	1）直播道具选择 ①直播道具类别及功能 ②直播道具获取渠道 ③直播道具选择注意事项 ④直播道具使用方法 2）直播场地选择 ①直播场地类别及功能 ②直播场地选择方法 ③直播场地选择注意事项 ④直播场地搭建要求	（1）方法：讲授法、案例教学法 （2）重点：直播场地选择 （3）难点：直播道具选择	2
	1-3 风险评估	（1）常见故障解决方法	1）常见故障 2）预判常见故障可能原因 3）常见故障排查方法 4）常见故障规避方法	（1）方法：讲授法、案例教学法、实训（练习）法 （2）重点与难点：常见故障解决方法	1
		（2）营销过程中法律、法规风险判断方法	1）营销概述 2）营销相关法律、法规解读 3）营销平台规则解读 4）营销违规风险判断	（1）方法：讲授法、案例教学法 （2）重点与难点：营销违规风险判断	1
2. 技术支持与互动管理	2-1 技术支持	（1）网络环境测试方法	1）网络环境概述 2）网络环境测试方法	（1）方法：讲授法、案例教学法、演示法 （2）重点与难点：网络环境测试方法	4
		（2）直播设备测试方法	1）直播设备测试概述 2）直播设备测试重点 3）直播设备测试内容 4）直播设备测试方法	（1）方法：讲授法、案例教学法、实训（练习）法 （2）重点与难点：直播设备测试方法	5

续表

模块	课程	学习单元	课程内容	培训建议	课堂学时
2. 技术支持与互动管理	2-1 技术支持	(3) 产品链接设置方法	1) 产品链接概述 2) 产品链接信息准备 3) 产品链接设置 4) 产品链接发布	(1) 方法：讲授法、案例教学法、演示法、实训（练习）法 (2) 重点：产品链接发布 (3) 难点：产品链接设置	4
	2-2 互动管理	(1) 用户沟通原则及要求	1) 用户沟通概述 2) 用户沟通原则 3) 用户沟通方式 4) 用户沟通技巧 5) 用户沟通注意事项	(1) 方法：讲授法、案例教学法、演示法、实训（练习）法 (2) 重点与难点：用户沟通技巧	4
		(2) 后台管理功能操作方法	1) 后台管理系统概述 2) 后台管理功能详解 3) 后台管理功能操作方法 4) 后台管理注意事项	(1) 方法：讲授法、案例教学法、演示法 (2) 重点与难点：后台管理功能操作方法	4
3. 售后与复盘	3-1 售后	(1) 产品发货进度查询方法	1) 产品订单类别 2) 产品订单信息 3) 产品订单进度 4) 产品订单发货进度查询方法	(1) 方法：讲授法、案例教学法、演示法 (2) 重点与难点：订单发货进度查询方法	4
		(2) 用户投诉问题处理方法	1) 用户反馈问题处理方法 ①常见用户反馈问题 ②用户反馈问题处理方法 ③用户反馈问题汇总分析 2) 用户投诉问题处理方法 ①用户投诉问题类型 ②用户投诉问题处理方法 ③平台仲裁	(1) 方法：讲授法、案例教学法、演示法、实训（练习）法 (2) 重点与难点：用户投诉问题处理方法	5

续表

模块	课程	学习单元	课程内容	培训建议	课堂学时
3. 售后与复盘	3-2 复盘	(1) 营销数据采集方法	1) 营销数据概述 2) 营销数据采集作用 3) 营销数据采集类目 4) 营销数据采集渠道 5) 营销数据采集方法	(1) 方法：讲授法、案例教学法、演示法 (2) 重点与难点：营销数据采集方法	5
		(2) 营销数据统计方法	1) 营销数据统计概述 2) 常用营销数据统计软件介绍 3) 常用营销数据统计软件使用方法	(1) 方法：讲授法、案例教学法、演示法 (2) 重点与难点：营销数据统计软件使用方法	5
课堂学时合计					52

2.2.3　四级/中级职业技能培训课程规范

(1) 选品员

模块	课程	学习单元	课程内容	培训建议	课堂学时
1. 工作准备	1-1 宣传准备	(1) 产品图文素材搜集计划制订方法	1) 产品图文素材搜集计划制订方法概述 2) 明确产品图文素材搜集目的和目标 3) 选定产品图文素材搜集渠道 4) 制订产品图文素材搜集计划	(1) 方法：讲授法、案例教学法 (2) 重点与难点：制订产品图文素材搜集计划	2
		(2) 制作产品专属宣传素材	1) 产品专属宣传素材制作方法概述 2) 选择用于制作产品宣传素材图片处理工具和视频剪辑工具 3) 形成产品宣传创意	(1) 方法：讲授法、讨论法 (2) 重点与难点：形成产品宣传创意	2

续表

模块	课程	学习单元	课程内容	培训建议	课堂学时
1. 工作准备	1-1 宣传准备	（3）汇总、统计相关网络舆情风险信息	1）相关网络舆情风险信息汇总、统计方法概述 2）搜集选品方面网络舆情风险信息 3）汇总、统计选品方面网络舆情风险信息	（1）方法：讲授法、讨论法 （2）重点与难点：搜集选品方面网络舆情风险信息	1
	1-2 设备、软件和材料准备	（1）样品库盘点方法	1）样品库盘点方法概述 2）按照时间跨度盘点样品 3）按照内容盘点样品 4）按照作用盘点样品	（1）方法：讲授法、案例教学法 （2）重点与难点：样品库盘点方法	2
		（2）样品（道具）搭配方法	1）样品（道具）搭配方法概述 2）确定样品（道具）搭配原则 3）根据样品（道具）品类交替分布原则，制订搭配计划 4）根据样品（道具）关联性分布原则，制订搭配计划 5）根据样品客单价高低交替分布原则，制订搭配计划	（1）方法：讲授法、案例教学法、实训（练习）法 （2）重点与难点：样品（道具）搭配方法	2
	1-3 风险评估	（1）团队协作风险评估方法	1）团队协作风险评估方法概述 2）制定团队协作风险评估指标 3）评估团队协作风险	（1）方法：讲授法、讨论法 （2）重点与难点：评估团队协作风险	1
		（2）风险应对计划制订方法	1）风险应对计划制订方法概述 2）制订风险应对计划 3）执行风险应对计划	（1）方法：讲授法、讨论法 （2）重点与难点：制订风险应对计划	1

续表

模块	课程	学习单元	课程内容	培训建议	课堂学时
2. 产品信息收集	2-1 市场调研	（1）产品溯源方法	1）产品溯源方法概述 2）收集产品溯源信息 3）产品正向追溯溯源 4）产品反向追溯溯源 5）产品横向追溯溯源 6）产品纵向追溯溯源	（1）方法：讲授法、案例教学法 （2）重点与难点：收集产品溯源信息	2
		（2）产品及用户调研方法	1）产品及用户调研方法概述 2）设计用户调研目标和内容 3）收集用户调研信息 4）撰写用户调查报告	（1）方法：讲授法、讨论法 （2）重点：收集用户调研信息 （3）难点：撰写用户调查报告	3
		（3）竞品调研方法	1）竞品调研方法概述 2）收集竞品信息 3）编制竞品调研问卷 4）调研竞品 5）撰写竞品调研报告	（1）方法：讲授法、讨论法、实训（练习）法 （2）重点：收集竞品信息 （3）难点：撰写竞品调研报告	3
	2-2 调研结果分析	（1）信息分类方法	1）信息分类方法概述 2）确定信息分类原则 3）分类收集到的信息	（1）方法：讲授法、案例教学法 （2）重点与难点：分类收集到的信息	2
		（2）信息比对方法	1）信息比对方法概述 2）比对收集到的信息 3）编写信息比对分析报告	（1）方法：讲授法、案例教学法 （2）重点与难点：比对收集到的信息	3
	2-3 样品搜集	（1）样品要求提出方法	1）样品要求提出方法概述 2）产品营销方案样品要求构成 3）根据营销方案提出样品具体要求	（1）方法：讲授法、讨论法 （2）重点与难点：根据营销方案提出样品具体要求	2

续表

模块	课程	学习单元	课程内容	培训建议	课堂学时
2．产品信息收集	2-3 样品搜集	（2）样品分类管理方法	1）样品分类管理方法概述 2）制定样品分类管理方法 3）分类管理收到的样品	（1）方法：讲授法、讨论法、实训（练习）法 （2）重点与难点：样品分类管理方法	3
		（3）样品试用计划制订方法	1）样品试用计划制订方法概述 2）制订样品试用计划	（1）方法：讲授法、讨论法 （2）重点与难点：制订样品试用计划	3
3．产品确定及规划	3-1 样品试用及分析	（1）样品体验方法	1）样品体验方法概述 2）比对样品试用后效果与产品描述差异 3）编制样品体验报告	（1）方法：讲授法、案例教学法、实训（练习）法 （2）重点与难点：比对样品试用后效果与产品描述差异	4
		（2）平台搜索技巧及产品价格比对分析	1）平台搜索技巧概述 2）搜索产品在不同平台价格 3）比对产品在不同平台价格并进行分析 4）编制产品价格分析报告	（1）方法：讲授法、案例教学法 （2）重点：比对产品在不同平台价格并进行分析 （3）难点：编制产品价格分析报告	5
	3-2 确定营销卖点	（1）营销定位方法	1）营销定位方法概述 2）提炼产品卖点 3）确定产品营销定位 4）编制基于营销定位的产品营销方案	（1）方法：讲授法、讨论法、实训（练习）法 （2）重点：提炼产品卖点 （3）难点：确定产品营销定位	4
		（2）产品营销话术编写方法	1）产品营销话术编写方法概述 2）分析用户消费心理 3）确定营销卖点 4）编写基于营销定位的营销话术	（1）方法：讲授法、案例教学法 （2）重点与难点：编写基于营销定位的营销话术	5

续表

模块	课程	学习单元	课程内容	培训建议	课堂学时
3. 产品确定及规划	3-3 确定合作方式	（1）合作建议主要内容	1）合作建议主要内容概述 2）提炼产品特性 3）根据产品特性编写合作建议主要内容	（1）方法：讲授法、讨论法、实训（练习）法 （2）重点与难点：根据产品特性编写合作建议主要内容	4
		（2）结算方案设计方法	1）结算方案设计方法概述 2）确定合作方式 3）设计合作方式结算方案	（1）方法：讲授法、案例教学法 （2）重点与难点：设计合作方式结算方案	4
课堂学时合计					58

（2）直播销售员

模块	课程	学习单元	课程内容	培训建议	课堂学时
1. 工作准备	1-1 宣传准备	（1）制作并发布产品专属宣传素材	1）直播产品专属宣传素材概述 2）直播产品海报宣传素材及其制作技巧 3）直播产品短视频宣传素材及其制作技巧 4）直播产品软文宣传素材及其制作技巧 5）直播产品专属宣传素材发布	（1）方法：讲授法、演示法、实训（练习）法 （2）重点与难点：直播产品宣传素材制作及发布	2
		（2）制订、执行跨平台宣传计划	1）主流宣传平台介绍 2）跨平台宣传计划制订 3）直播宣传预热准备 4）跨平台宣传计划执行	（1）方法：讲授法、演示法、实训（练习）法 （2）重点与难点：跨平台宣传计划制订及执行	2
		（3）汇总、统计相关网络舆情风险信息	1）网络舆情风险等级判断方法 2）利用第三方平台汇总、统计相关网络舆情风险信息	（1）方法：讲授法、演示法 （2）重点与难点：相关网络舆情风险信息处理及汇总	1

续表

模块	课程	学习单元	课程内容	培训建议	课堂学时
1. 工作准备	1-2 设备、软件和材料准备	（1）制订样品（道具）搭配计划	1）直播间样品陈列类型 2）直播间样品精细化配置与管理 3）直播道具搭配使用	（1）方法：讲授法、演示法 （2）重点与难点：制订样品及道具搭配计划	2
		（2）制订出镜者形象方案	1）出镜者形象概述 2）出镜者妆容 3）出镜者服饰 4）出镜者语言	（1）方法：讲授法、演示法 （2）重点与难点：制订出镜者形象方案	2
	1-3 风险评估	（1）评估团队协作风险	1）团队协作风险概述 2）团队协作风险评估	（1）方法：讲授法、演示法 （2）重点与难点：团队协作风险评估	1
		（2）制订并执行直播中常见风险应对计划	1）电商直播风险概述 2）电商直播主体风险应对计划 3）电商直播产品风险应对计划 4）电商直播平台风险应对计划	（1）方法：讲授法、演示法、案例教学法 （2）重点与难点：电商直播平台风险应对计划	1
2. 直播营销	2-1 直播预演	（1）撰写团队协作直播脚本	1）直播团队具体架构 2）团队协作直播脚本内容 3）整场直播脚本撰写方法	（1）方法：讲授法、演示法、实训（练习）法、案例教学法 （2）重点与难点：整场直播脚本撰写方法	8
		（2）测试直播营销流程	1）测试直播营销流程目的 2）直播营销流程规划 3）直播营销流程测试方法	（1）方法：讲授法、演示法、实训（练习）法 （2）重点与难点：直播营销流程测试方法	7

续表

模块	课程	学习单元	课程内容	培训建议	课堂学时
2. 直播营销	2-2 直播销售	（1）使用营销话术介绍产品特点	1）直播营销话术概述 2）常用直播营销话术 3）产品直播营销话术技巧	（1）方法：讲授法、演示法、案例教学法、实训（练习）法、情景模拟法 （2）重点与难点：产品直播营销话术技巧	8
2. 直播营销	2-2 直播销售	（2）介绍平台优惠及产品折扣信息	1）常用促销方式 2）福利营销 3）促销活动常见引导话术	（1）方法：讲授法、演示法、案例教学法、实训（练习）法 （2）重点与难点：促销活动常见引导话术	8
3. 售后与复盘	3-1 售后	（1）分析、汇总异常数据	1）异常数据含义 2）使用电子表格软件分析、汇总异常数据方法 3）利用异常数据进行直播效果分析	（1）方法：讲授法、演示法、实训（练习）法 （2）重点与难点：利用异常数据进行直播效果分析	4
3. 售后与复盘	3-1 售后	（2）建立售后标准工作流程	1）售后工作主要内容 2）建立售后服务规范 3）建立用户投诉处理流程	（1）方法：讲授法、讨论法、演示法、实训（练习）法 （2）重点与难点：建立售后标准工作流程	4
3. 售后与复盘	3-2 复盘	（1）复核售前预测数据	1）售前预测数据作用 2）售前预测数据各项指标含义和作用 3）售前预测数据复核方法	（1）方法：讲授法、讨论法、演示法、实训（练习）法 （2）重点与难点：售前预测数据复核方法	4
3. 售后与复盘	3-2 复盘	（2）分析、优化营销方案	1）营销方案优化目标 2）营销方案分析与问题查找 3）营销方案优化	（1）方法：讲授法、讨论法、演示法、实训（练习）法 （2）重点与难点：优化营销方案	4
课堂学时合计					58

(3) 视频创推员

模块	课程	学习单元	课程内容	培训建议	课堂学时
1. 工作准备	1-1 宣传准备	(1) 产品专属宣传素材制作方法	1) 产品宣传图片制作技巧 2) 产品宣传文案制作技巧 3) 产品宣传视频制作技巧	(1) 方法：讲授法、演示法 (2) 重点与难点：产品专属宣传素材制作	2
		(2) 跨平台宣传计划执行方法	1) 视频推广平台宣传方式 2) 视频推广平台共性和差异 3) 制订、执行跨平台宣传计划	(1) 方法：讲授法、演示法 (2) 重点与难点：制订、执行跨平台宣传计划	2
		(3) 相关网络舆情风险信息统计方法	1) 网络舆情风险监测工具和方法 2) 网络舆情风险统计方法 3) 相关网络舆情风险信息内部通报方式	(1) 方法：讲授法、案例教学法 (2) 重点与难点：网络舆情风险监测工具和方法	1
	1-2 设备、软件和材料准备	(1) 样品(道具)搭配方法	1) 视频拍摄道具分类 2) 道具搭配和使用原则 3) 原创道具制作和设计	(1) 方法：讲授法、演示法、实训(练习)法 (2) 重点与难点：原创道具制作和设计	2
		(2) 出镜者形象方案制订方法	1) 出镜者形象方案概述 2) 出镜者妆容设计 3) 出镜者服装设计 4) 出镜造型搭配方法	(1) 方法：讲授法、演示法、实训(练习)法 (2) 重点与难点：出镜造型搭配方法	2
	1-3 风险评估	(1) 团队协作风险评估方法	1) 团队协作风险评估概述 2) 常见团队协作冲突类型 3) 常见外部协作风险	(1) 方法：讲授法、案例教学法 (2) 重点与难点：常见团队协作冲突类型	1

续表

模块	课程	学习单元	课程内容	培训建议	课堂学时
1. 工作准备	1-3 风险评估	（2）风险应对计划制订方法	1）内容风险预案及应急措施 2）人员风险预案及应急措施 3）环境风险预案及应急措施	（1）方法：讲授法、案例教学法 （2）重点与难点：制订风险应对计划	1
2. 视频创推	2-1 视频创作	（1）拍摄方案制订方法	1）视频分镜设计方法 2）拍摄流程制定方法 3）视频拍摄筹备工作安排 4）拍摄方案撰写方法	（1）方法：讲授法、案例教学法、实训（练习）法 （2）重点：拍摄流程制定方法 （3）难点：视频分镜设计方法	6
2. 视频创推	2-1 视频创作	（2）拍摄素材管理方法	1）拍摄素材命名方法 2）拍摄素材分类方法 3）拍摄素材备份方法及管理周期	（1）方法：讲授法、案例教学法、实训（练习）法 （2）重点与难点：拍摄素材备份方法及管理周期	6
2. 视频创推	2-1 视频创作	（3）素材剪辑方法	1）常用视频剪辑软件介绍 2）视频剪辑方法和技巧 3）视频导出和规格选择方法	（1）方法：讲授法、演示法、实训（练习）法 （2）重点与难点：视频剪辑方法和技巧	7
2. 视频创推	2-2 视频推广	（1）推广渠道搜集方法	1）视频推广渠道概述 2）公域流量和私域流量基本概念 3）主要公域流量平台介绍及常见推广方式 4）主要私域流量平台介绍及常见推广方式	（1）方法：讲授法、演示法 （2）重点与难点：推广渠道搜集方法	6

续表

模块	课程	学习单元	课程内容	培训建议	课堂学时
2．视频创推	2-2 视频推广	（2）推广工具使用方法	1）视频平台付费推广机制 2）自主运营增加视频指标方法 3）部分视频推广工具使用方法介绍	（1）方法：讲授法、讨论法、案例教学法 （2）重点：部分视频推广工具使用方法介绍 （3）难点：自主运营增加视频指标方法	6
3．售后与复盘	3-1 售后	（1）异常数据分析、汇总方法	1）异常数据界定 2）产生异常数据常见原因 3）异常数据分析、汇总	（1）方法：讲授法、案例教学法、实训（练习）法 （2）重点与难点：产生异常数据常见原因	4
		（2）售后标准工作流程主要内容	1）售后问题分类 2）售后问题常见解决思路 3）突发售后问题应对方法 4）售后标准工作流程方案制定	（1）方法：讲授法、案例教学法、实训（练习）法 （2）重点与难点：售后标准工作流程方案制定	4
	3-2 复盘	（1）售前预测数据复核方法	1）售前预测数据关键指标 2）售前预测和实际数据比对维度和指标 3）根据视频推广计划定量分析产品销量	（1）方法：讲授法、案例教学法、演示法、实训（练习）法 （2）重点与难点：根据视频推广计划定量分析产品销量	4
		（2）营销方案优化方法	1）营销方案与视频数据定量分析 2）视频创推结案报告撰写 3）视频创推营销方案优化	（1）方法：讲授法、案例教学法、演示法、实训（练习）法 （2）重点与难点：视频创推营销方案优化	4
课堂学时合计					58

(4) 平台管理员

模块	课程	学习单元	课程内容	培训建议	课堂学时
1. 工作准备	1-1 宣传准备	(1) 跨平台宣传计划执行方法	1) 跨平台宣传计划概述 2) 跨平台宣传目标确定 3) 宣传平台选择 4) 跨平台宣传计划分配 5) 跨平台宣传计划执行	(1) 方法：讲授法、演示法 (2) 重点与难点：跨平台宣传计划执行	1
		(2) 宣传数据监控方案制定	1) 监控宣传数据类目 2) 宣传数据监控方法 3) 宣传数据分析方法 4) 宣传数据监控方案制定	(1) 方法：讲授法、案例教学法、演示法 (2) 重点与难点：宣传数据监控方案制定	1
		(3) 音视频转码工具运用方法	1) 音视频转码概述 2) 音视频转码工具介绍 3) 音视频转码工具操作步骤	(1) 方法：讲授法、演示法、实训（练习）法 (2) 重点与难点：音视频转码工具操作步骤	2
		(4) 相关网络舆情风险信息汇总、统计	1) 相关网络舆情风险信息汇总工具 2) 相关网络舆情风险信息汇总方法	(1) 方法：讲授法、案例教学法 (2) 重点与难点：相关网络舆情风险信息汇总方法	1
	1-2 设备、软件和材料准备	(1) 硬件设备选择方法	1) 销售场景下常见硬件设备 2) 硬件设备选择要素 3) 不同销售场景下硬件设备选择	(1) 方法：讲授法、演示法、实训（练习）法 (2) 重点与难点：不同销售场景下硬件设备选择	2
		(2) 设备搭建与联调方法	1) 设备搭建概述 2) 设备搭建方法 3) 设备联调概述 4) 设备联调方法	(1) 方法：讲授法、案例教学法 (2) 重点：设备搭建方法 (3) 难点：设备联调方法	2

续表

模块	课程	学习单元	课程内容	培训建议	课堂学时
1. 工作准备	1-3 风险评估	(1) 团队协作风险评估方法	1) 团队协作概述 2) 跨部门活动流程图 3) 团队协作风险评估概述 4) 团队协作风险评估方法	(1) 方法：讲授法、案例教学法、演示法 (2) 重点与难点：团队协作风险评估方法	1
		(2) 风险应对计划制订方法	1) 风险应对计划概述 2) 规避策略制定方法 3) 转移策略制定方法 4) 减轻策略制定方法 5) 接收策略制定方法	(1) 方法：讲授法、案例教学法 (2) 重点与难点：风险应对计划制订方法	1
2. 技术支持与互动管理	2-1 技术支持	(1) 根据直播计划整理设备清单	1) 明确直播计划 2) 整理设备清单 3) 明确设备要求 4) 检验设备清单	(1) 方法：讲授法、案例教学法、演示法、实训（练习）法 (2) 重点与难点：根据直播计划整理设备清单	4
		(2) 现场设备故障排除方法	1) 常见现场设备介绍 2) 常见现场设备操作流程 3) 现场设备故障排除方法	(1) 方法：讲授法、案例教学法 (2) 重点与难点：现场设备故障排除方法	4
		(3) 直播界面功能配置方法	1) 直播界面相关功能配置 2) 明确直播界面配置需求 3) 直播界面配置功能使用	(1) 方法：讲授法、演示法、实训（练习）法 (2) 重点与难点：直播界面配置功能使用	5
		(4) 产品素材上传至直播间方法	1) 开播前梳理产品素材 2) 产品素材上传步骤	(1) 方法：讲授法、演示法、实训（练习）法 (2) 重点与难点：产品素材上传步骤	4

续表

模块	课程	学习单元	课程内容	培训建议	课堂学时
2. 技术支持与互动管理	2-2 互动管理	(1) 互动管理规则制定方法	1) 互动管理规则概述 2) 平台互动规则 3) 互动管理规则制定方法	(1) 方法：讲授法、案例教学法、演示法 (2) 重点与难点：互动管理规则制定方法	4
		(2) 互动常见问题库建立方法	1) 互动常见问题库分类 2) 互动常见问题库内容 3) 互动常见问题库建立方法	(1) 方法：讲授法、案例教学法、演示法 (2) 重点与难点：互动常见问题库建立方法	5
3. 售后与复盘	3-1 售后	(1) 异常数据分析、汇总方法	1) 异常数据汇总 ①明确数据标准 ②异常数据提取 ③异常数据分类 ④异常数据汇总方法 2) 异常数据分析 ①异常数据分析方法 ②制订解决方案	(1) 方法：讲授法、案例教学法、演示法 (2) 重点与难点：异常数据分析	5
		(2) 售后标准工作流程建立方法	1) 售后岗位概述 2) 售后岗位职责 3) 售后岗位工作内容 4) 售后标准工作流程建立方法 5) 售后岗位工作技巧 6) 售后岗位注意事项	(1) 方法：讲授法、案例教学法 (2) 重点与难点：售后标准工作流程建立方法	5
	3-2 复盘	(1) 售前预测数据复核方法	1) 售前预测数据概述 2) 售前预测数据类型 3) 售前预测数据复核概述 4) 售前预测数据复核方法	(1) 方法：讲授法、案例教学法、演示法 (2) 重点与难点：售前预测数据复核方法	6
		(2) 营销方案优化方法	1) 市场分析方法 2) 营销策划方法 3) 营销方案优化方法	(1) 方法：讲授法、案例教学法、演示法 (2) 重点与难点：营销方案优化方法	5
课堂学时合计					58

2.2.4 三级/高级职业技能培训课程规范

（1）选品员

模块	课程	学习单元	课程内容	培训建议	课堂学时
1. 工作准备	1-1 宣传准备	（1）第三方宣传供应商资源库建立方法	1）第三方宣传供应商资源库建立方法概述 2）建立第三方宣传供应商遴选标准 3）选定第三方宣传供应商 4）建立第三方宣传供应商资源库 5）分级管理第三方宣传供应商	（1）方法：讲授法 （2）重点与难点：建立第三方宣传供应商资源库	1
		（2）预热投入产出比测算方法	1）预热投入产出比测算方法概述 2）测算预热投入总额 3）测算预热产出总额 4）测算预热投入产出比	（1）方法：讲授法、案例教学法 （2）重点与难点：测算预热投入产出比	1
		（3）协调引流资源并扩大宣传渠道	1）协调引流资源并扩大宣传渠道概述 2）协调引流资源 3）扩大宣传渠道 4）编写宣传矩阵建设方案	（1）方法：讲授法 （2）重点与难点：协调引流资源并扩大宣传渠道	1
		（4）分析、研判相关网络舆情风险信息	1）分析、研判选品方面网络舆情风险信息概述 2）分析、研判选品方面网络舆情风险信息 3）规避选品方面网络舆情风险	（1）方法：讲授法、案例教学法 （2）重点与难点：分析、研判选品方面网络舆情风险信息	1
	1-2 设备、软件和材料准备	（1）样品出入库管理制度建立方法	1）样品出入库管理制度建立方法概述 2）规定样品出入库流程 3）建立样品出入库管理制度	（1）方法：讲授法、讨论法 （2）重点与难点：样品出入库管理制度建立方法	1

课程规范（三级／高级）

续表

模块	课程	学习单元	课程内容	培训建议	课堂学时
1. 工作准备	1-2 设备、软件和材料准备	（2）道具采购要求	1）道具采购要求概述 2）制定道具采购原则 3）制订道具采购计划	（1）方法：讲授法、讨论法 （2）重点与难点：制订道具采购计划	1
	1-3 风险评估	（1）风险管理奖惩制度主要内容	1）风险管理奖惩制度主要内容概述 2）确定风险管理奖惩制度主要内容 3）制定费用预算管理 4）定量评估风险管理 5）定性评估风险管理 6）制定风险管理奖惩制度	（1）方法：讲授法、案例教学法 （2）重点与难点：制定风险管理奖惩制度	1
		（2）风险防控方案评估方法	1）风险防控方案评估方法概述 2）建立风险动态防控机制 3）评估风险防控方案时效性	（1）方法：讲授法、案例教学法 （2）重点与难点：评估风险防控方案时效性	1
2. 产品信息收集	2-1 市场信息管理	（1）产品销售数据整理方法	1）产品销售数据整理方法概述 2）定期跟踪和汇总产品销售数据 3）整理和分析产品销售数据	（1）方法：讲授法、讨论法 （2）重点与难点：整理和分析产品销售数据	4
		（2）供应商管理系统维护方法	1）供应商管理系统维护方法概述 2）供应商管理系统日常维护工作模式 3）分级管理供应商 4）根据市场变化更新供应商管理系统	（1）方法：讲授法、讨论法 （2）重点与难点：供应商管理系统维护方法	4

续表

模块	课程	学习单元	课程内容	培训建议	课堂学时
2. 产品信息收集	2-1 市场信息管理	(3) 产品价格跟踪系统维护方法	1) 产品价格跟踪系统维护方法概述 2) 监测产品在主流平台销售价格 3) 建立产品价格跟踪系统 4) 做好产品价格跟踪系统维护	(1) 方法：讲授法、案例教学法 (2) 重点与难点：建立产品价格跟踪系统	4
	2-2 市场信息分析	(1) 产品选择方法	1) 产品选择方法概述 2) 做好产品市场调研 3) 分析产品市场信息 4) 依据调研信息选择产品	(1) 方法：讲授法、案例教学法 (2) 重点与难点：建立产品价格跟踪系统	4
		(2) 产品价格分析方法	1) 产品价格分析方法概述 2) 掌握产品价格分析方法 3) 分析产品价格设置的合理性	(1) 方法：讲授法、讨论法 (2) 重点与难点：分析产品价格设置的合理性	4
3. 产品确定及规划	3-1 竞品比对	(1) 产品与竞品价格比对方法	1) 产品与竞品价格比对方法概述 2) 比对产品与竞品价格差异 3) 编写产品与竞品价格差异报告	(1) 方法：讲授法、案例教学法 (2) 重点与难点：比对产品与竞品价格差异	6
		(2) 产品与竞品功能比对方法	1) 产品与竞品功能比对方法概述 2) 比对产品与竞品功能差异 3) 编写产品与竞品功能差异报告	(1) 方法：讲授法、案例教学法 (2) 重点与难点：比对产品与竞品功能差异	6
	3-2 确定合作方式	(1) 营销方案编写方法	1) 营销方案编写方法概述 2) 明确企业需求 3) 根据企业需求制定产品营销方案	(1) 方法：讲授法、讨论法 (2) 重点与难点：根据企业需求制定产品营销方案	6

续表

模块	课程	学习单元	课程内容	培训建议	课堂学时
3．产品确定及规划	3-2 确定合作方式	（2）风险预判方法	1）风险预判方法概述 2）不同品类产品营销方式 3）判定不同营销方式合作风险	（1）方法：讲授法、案例教学法 （2）重点与难点：判定不同营销方式合作风险	6
合计					52

（2）直播销售员

模块	课程	学习单元	课程内容	培训建议	课堂学时
1．工作准备	1-1 宣传准备	（1）建立第三方宣传供应商资源库	1）第三方宣传供应商概述 2）第三方宣传供应商的选择和评价方法 3）第三方宣传供应商资源库建立	（1）方法：讲授法、演示法 （2）重点与难点：第三方宣传供应商资源库的建立	1
		（2）测算预热投入产出比	1）直播预热概述 2）投入产出比测算方法 3）预热投入产出比测算	（1）方法：讲授法、演示法 （2）重点与难点：测算预热投入产出比	1
		（3）协调引流资源并扩大宣传渠道	1）引流渠道类型 2）协调引流资源 3）扩大宣传渠道	（1）方法：讲授法、演示法 （2）重点与难点：协调引流资源并扩大宣传渠道	1
		（4）分析、研判相关网络舆情风险信息	1）相关网络舆情风险信息分析与研判 2）网络舆情分析报告撰写	（1）方法：讲授法、演示法 （2）重点与难点：网络舆情风险信息分析与研判	1
	1-2 设备、软件和材料准备	（1）根据营销计划选购硬件设备	1）预算管理概述 2）直播营销计划分析 3）直播设备需求分析 4）硬件设备采购预算表制定	（1）方法：讲授法、演示法、实训（练习）法 （2）重点与难点：根据营销计划选购硬件设备	1

续表

模块	课程	学习单元	课程内容	培训建议	课堂学时
1. 工作准备	1-2 设备、软件和材料准备	（2）制订道具采购计划	1）直播道具需求分析	（1）方法：讲授法、演示法、实训（练习）法 （2）重点与难点：道具采购预算表制定	1
			2）道具采购预算表制定		
	1-3 风险评估	（1）制定直播风险管理奖惩制度	1）直播风险管理概述	（1）方法：讲授法、演示法 （2）重点与难点：直播风险管理奖惩制度	1
			2）直播风险管理奖惩制度		
		（2）制订和评估风险防控方案	1）风险防控方案制订	（1）方法：讲授法、演示法 （2）重点与难点：风险防控方案时效性评估	1
			2）影响风险防控方案时效性的因素		
			3）风险防控方案时效性评估		
2. 直播营销	2-1 直播预演	（1）不同需求下直播团队人员分工	1）简化版直播团队人员分工	（1）方法：讲授法、演示法、实训（练习）法、情景模拟法 （2）重点与难点：组织团队进行直播预演	6
			2）标配版直播团队人员分工		
			3）高配版直播团队人员分工		
			4）直播预演团队管理		
		（2）根据直播预演效果调整营销方案	1）直播预演效果分析	（1）方法：讲授法、演示法、讨论法、实训（练习）法、案例教学法 （2）重点与难点：直播预演分析与营销方案调整	6
			2）营销方案调整		
			3）二次直播预演		
	2-2 直播销售	（1）控制、管理个人情绪	1）直播销售员情绪对观众的影响	（1）方法：讲授法、演示法、讨论法 （2）重点与难点：直播销售员情绪观察及应对	5
			2）直播销售员状态观察		
			3）应对不良情绪方法		

续表

模块	课程	学习单元	课程内容	培训建议	课堂学时
2. 直播营销	2-2 直播销售	（2）调动直播间气氛	1）营造直播间气氛重要性 2）直播间气氛调动方法 3）直播间互动技巧	（1）方法：讲授法、演示法、案例教学法、实训（练习）法 （2）重点与难点：直播间互动技巧	6
2. 直播营销	2-2 直播销售	（3）实时调整直播策略	1）直播间临场应变能力 2）直播策略实时调整 3）常见直播间突发状况处理技巧	（1）方法：讲授法、演示法、实训（练习）法 （2）重点与难点：根据用户反馈信息实时调整直播策略	6
3. 售后与复盘	3-1 售后	（1）使用智能交互系统回复用户信息	1）智能交互系统概述 2）智能交互系统基本功能 3）智能交互系统使用方法	（1）方法：讲授法、演示法、实训（练习）法 （2）重点与难点：智能交互系统使用方法	4
3. 售后与复盘	3-1 售后	（2）撰写售后工作报告	1）售后工作报告作用 2）售后工作报告主要内容 3）售后工作报告撰写方法	（1）方法：讲授法、讨论法、演示法、实训（练习）法 （2）重点与难点：撰写售后工作报告	3
3. 售后与复盘	3-2 复盘	（1）制定数据维度和分析标准	1）数据维度制定方法 2）数据分析标准制定方法	（1）方法：讲授法、讨论法、演示法 （2）重点与难点：制定数据维度和分析标准	4
3. 售后与复盘	3-2 复盘	（2）制定数据采集操作流程	1）数据采集计划制订方法 2）数据采集操作流程制定方法	（1）方法：讲授法、讨论法、演示法 （2）重点与难点：制定数据采集操作流程	4
课堂学时合计					52

(3) 视频创推员

模块	课程	学习单元	课程内容	培训建议	课堂学时
1. 工作准备	1-1 宣传准备	(1) 第三方宣传供应商资源库建立方法	1) 第三方宣传供应商资源库概述 2) 第三方宣传供应商分类 3) 纳入第三方宣传供应商库原则	(1) 方法：讲授法、演示法、案例教学法 (2) 重点与难点：纳入第三方宣传供应商库原则	1
		(2) 预热投入产出比测算方法	1) 内容预热成本测算方法 2) 预热产出效果量化方法 3) 投入产出比概念及测算方法	(1) 方法：讲授法、演示法、实训（练习）法 (2) 重点与难点：投入产出比概念及测算方法	1
		(3) 协调引流资源并扩大宣传渠道的方法	1) 引流资源主要类型 2) 协调引流资源提升曝光量方法 3) 扩大宣传渠道方法	(1) 方法：讲授法、案例教学法 (2) 重点与难点：协调引流资源提升曝光量方法	1
		(4) 分析、研判相关网络舆情风险信息	1) 网络舆情事件发展阶段及主要特征 2) 判断网络舆情类型及应对方案	(1) 方法：讲授法、案例教学法 (2) 重点与难点：判断网络舆情类型及应对方案	1
	1-2 设备、软件和材料准备	(1) 设备采购要求	1) 硬件设备采购预算制定 2) 硬件设备更新原则 3) 硬件设备参数定义及分析	(1) 方法：讲授法、演示法 (2) 重点与难点：硬件设备参数定义及分析	1
		(2) 道具采购要求	1) 道具采购预算制定 2) 道具采购清单撰写方法	(1) 方法：讲授法、演示法 (2) 重点与难点：道具采购预算制定	1
	1-3 风险评估	(1) 风险管理奖惩制度主要内容	1) 撰写风险程度评估量化标准 2) 风险管理奖惩制度主要内容	(1) 方法：讲授法、案例教学法 (2) 重点与难点：风险管理奖惩制度主要内容	1

续表

模块	课程	学习单元	课程内容	培训建议	课堂学时
1．工作准备	1-3 风险评估	（2）风险防控方案评估方法	1）风险防控方案时效性评估 2）应对互联网政策方法和原则	（1）方法：讲授法、案例教学法 （2）重点与难点：风向防控方案时效性评估	1
2．视频创推	2-1 视频创作	（1）产品关键标签及卖点提炼技巧	1）产品用户画像分析 2）产品关键标签提炼方法 3）产品卖点提炼及分析	（1）方法：讲授法、案例教学法、实训（练习）法 （2）重点与难点：产品卖点提炼及分析	4
		（2）产品创意方案设计方法	1）产品植入概念及分类 2）常见产品与内容结合方式 3）产品创意植入方案撰写方法	（1）方法：讲授法、案例教学法、实训（练习）法 （2）重点与难点：常见产品与内容结合方式	4
		（3）专业拍摄设备使用方法	1）专业拍摄设备类型及效果 2）专业摄影器材使用方法 3）专业灯光设备使用方法 4）专业录音设备使用方法	（1）方法：讲授法、案例教学法、实训（练习）法 （2）重点与难点：专业拍摄设备类型及效果	4
		（4）素材包装方法	1）常见素材包装软件介绍 2）素材包装常见方式 3）包装软件使用方法	（1）方法：讲授法、演示法 （2）重点与难点：包装软件使用方法	5
	2-2 视频推广	（1）投放对象选择要求	1）视频用户画像数据分析 2）营销目标用户购买力分析 3）渠道与产品匹配度分析	（1）方法：讲授法、演示法 （2）重点：渠道和产品匹配度分析 （3）难点：视频用户画像数据分析	

续表

模块	课程	学习单元	课程内容	培训建议	课堂学时
2. 视频创推	2-2 视频推广	（2）流量资源筛选要求	1）流量资源分配机制 2）流量资源效果预评估方法 3）流量资源与产品匹配度分析	（1）方法：讲授法、讨论法、案例教学法 （2）重点与难点：流量资源与产品匹配度分析	4
2. 视频创推	2-2 视频推广	（3）数据监控工具使用方法	1）常见数据监控工具介绍 2）推广效果数据量化评估 3）数据监控工具使用方法	（1）方法：讲授法、案例教学法、实训（练习）法 （2）重点与难点：推广效果数据量化评估	4
3. 售后与复盘	3-1 售后	（1）智能交互系统使用方法	1）常见平台智能交互系统介绍 2）视频平台电商客服工作台安装及使用方法 3）售后回复问题库搭建方法	（1）方法：讲授法、案例教学法、实训（练习）法 （2）重点与难点：售后回复问题库搭建方法	4
3. 售后与复盘	3-1 售后	（2）售后工作报告撰写	1）售后工作报告主要内容 2）售后工作报告撰写技巧	（1）方法：讲授法、案例教学法 （2）重点与难点：售后工作报告主要内容	3
3. 售后与复盘	3-2 复盘	（1）数据维度和分析标准制定方法	1）复盘参考数据维度 2）数据可视化思维 3）业务核心数据分析标准制定方法	（1）方法：讲授法、案例教学法、演示法、实训（练习）法 （2）重点与难点：业务核心数据分析标准制定方法	4
3. 售后与复盘	3-2 复盘	（2）数据采集操作流程制定方法	1）大数据基本概念 2）数据采集原则 3）数据采集操作流程撰写方法	（1）方法：讲授法、案例教学法、演示法 （2）重点与难点：数据采集操作流程撰写方法	4
课堂学时合计					52

(4) 平台管理员

模块	课程	学习单元	课程内容	培训建议	课堂学时
1. 工作准备	1-1 宣传准备	(1) 第三方宣传供应商资源库建立方法	1) 第三方宣传供应商资源库概述 2) 第三方宣传供应商资源库建立目的 3) 第三方宣传供应商资源库建立作用 4) 第三方宣传供应商资源库建立方法	(1) 方法：讲授法、案例教学法、演示法 (2) 重点与难点：第三方宣传供应商资源库的建立方法	1
		(2) 预热投入产出比测算方法	1) 直播预热计划制订 ①明确直播目标 ②直播预热方式 2) 预热投入产出比测算方法 ①预热投入测算 ②预热产出测算	(1) 方法：讲授法、案例教学法、演示法、实训（练习）法 (2) 重点与难点：预热投入产出比测算方法	1
		(3) 分析、研判相关网络舆情风险信息	1) 相关网络舆情风险信息分析概述 2) 相关网络舆情风险信息分析原则及基本要求 3) 相关网络舆情风险信息分析注意事项 4) 相关网络舆情风险信息分析方法	(1) 方法：讲授法、案例教学法、演示法 (2) 重点与难点：相关网络舆情风险信息分析方法	1
	1-2 设备、软件和材料准备	(1) 硬件设备采购要求	1) 硬件设备采购计划表 2) 硬件设备采购渠道汇总及比对 3) 硬件设备采购要素分析 4) 硬件设备采购流程	(1) 方法：讲授法、案例教学法、演示法 (2) 重点与难点：硬件设备采购流程	1
		(2) 设备状态检测标准制定	1) 设备操作说明书 2) 标准操作设备检测效果 3) 标准操作设备检测与反馈 4) 设备状态检测标准制定	(1) 方法：讲授法、案例教学法、演示法、实训（练习）法 (2) 重点与难点：设备状态检测标准制定	2

续表

模块	课程	学习单元	课程内容	培训建议	课堂学时
1. 工作准备	1-3 风险评估	(1) 风险管理奖惩制度制定	1) 风险管理奖惩制度概述 2) 风险管理奖惩制度适用范围 3) 风险管理奖惩制度制定方法 4) 风险管理奖惩制度注意事项	(1) 方法：讲授法、案例教学法 (2) 重点与难点：风险管理奖惩制度制定方法	1
		(2) 风险防控方案时效性评估	1) 风险防控方案评估概述 2) 风险防控方案评估目的 3) 风险防控方案评估方法 4) 风险防控方案时效性评估方法	(1) 方法：讲授法、案例教学法 (2) 重点与难点：风险防控方案时效性评估方法	1
2. 技术支持与互动管理	2-1 运维管理	(1) 现场设备管理方案制订	1) 现场设备管理概述 2) 现场设备管理要求 3) 现场设备管理方案	(1) 方法：讲授法、案例教学法 (2) 重点与难点：现场设备管理方案制订	5
		(2) 现场技术团队协作规则制定	1) 现场技术团队协作概述 2) 现场技术团队协作关键行为要素 3) 现场技术团队协作规则内容要素 4) 现场技术团队协作规则撰写工具 5) 现场技术团队协作规则制定方法 6) 现场技术团队协作规则撰写注意事项	(1) 方法：讲授法、案例教学法、演示法 (2) 重点与难点：现场技术团队协作规则制定方法	4
	2-2 技术支持	(1) 互动特效制作方法	1) 互动特效概述 2) 互动特效制作 3) 互动特效使用 4) 互动特效方案撰写	(1) 方法：讲授法、案例教学法、实训（练习）法 (2) 重点与难点：互动特效制作	5

续表

模块	课程	学习单元	课程内容	培训建议	课堂学时
2.技术支持与互动管理	2-2 技术支持	（2）动态网络舆论监控数据查看方法	1）动态网络舆论监控数据概述 2）动态网络舆论监控数据查看渠道 3）动态网络舆论监控数据查看方法	（1）方法：讲授法、案例教学法、演示法 （2）重点与难点：动态网络舆论监控数据查看方法	5
		（3）产品实时数据提供方法	1）产品实时数据概述 2）产品实时数据收集渠道 3）产品实时数据收集 4）产品实时数据监测分析	（1）方法：讲授法、案例教学法、演示法 （2）重点与难点：产品实时数据收集	5
3.售后与复盘	3-1 售后	（1）智能交互系统使用方法	1）智能交互系统概述 2）智能交互工具简介 3）智能交互系统使用方法 4）智能交互常见沟通话术	（1）方法：讲授法、案例教学法、演示法 （2）重点与难点：智能交互系统使用方法	5
		（2）售后工作报告主要内容及撰写技巧	1）售后工作报告概述 2）售后工作报告主要内容 3）售后工作报告撰写技巧	（1）方法：讲授法、案例教学法、演示法、实训（练习）法 （2）重点与难点：售后工作报告主要内容及撰写技巧	5
	3-2 复盘	（1）数据维度和分析标准制定方法	1）制定数据指标与维度 ①数据维度概述 ②数据指标概述 ③数据指标与维度汇总 ④数据指标与维度制定 2）制定数据分析标准 ①数据分析类型 ②数据分析工具 ③数据分析方法 ④数据多维分析 ⑤数据分析标准制定	（1）方法：讲授法、案例教学法、演示法 （2）重点与难点：制定数据分析标准	5

续表

模块	课程	学习单元	课程内容	培训建议	课堂学时
3. 售后与复盘	3-2 复盘	（2）数据采集操作流程制定方法	1）PDCA 概述及原则 2）主数据驱动采集 3）数据提交 4）数据审核	（1）方法：讲授法、案例教学法、演示法 （2）重点与难点：数据采集操作流程制定方法	5
课堂学时合计					52

2.2.5 二级/技师职业技能培训课程规范

（1）选品员

模块	课程	学习单元	课程内容	培训建议	课堂学时
1. 产品确定及规划	1-1 产品分析	（1）产品检验流程知识	1）产品检验流程知识概述 2）产品质量标准 3）获取产品检验样本 4）查验产品质量凭证 5）组织产品检验 6）分析产品检验报告	（1）方法：讲授法、讨论法 （2）重点：产品检验流程知识 （3）难点：分析产品检验报告	4
		（2）产品跟踪方法	1）产品跟踪方法概述 2）搜集产品所属行业发展趋势信息 3）搜集产品发展趋势信息 4）编写产品发展趋势分析报告	（1）方法：讲授法、案例教学法 （2）重点：搜集产品发展趋势的信息 （3）难点：编写产品发展趋势分析报告	3
		（3）产品转化率分析方法	1）产品转化率分析方法概述 2）厘清产品转化关联因素 3）分析产品转化率变化因素 4）总结产品转化率公式	（1）方法：讲授法、案例教学法 （2）重点：分析产品转化率变化因素 （3）难点：总结产品转化率公式	3

续表

模块	课程	学习单元	课程内容	培训建议	课堂学时
1.产品确定及规划	1-1 产品分析	(4)制订相关网络舆情风险解决方案	1)相关网络舆情风险解决方案编写方法概述 2)建立相关网络舆情风险信息搜集制度 3)分析发生相关网络舆情风险具体领域 4)制订相关网络舆情风险解决方案	(1)方法：讲授法、案例教学法 (2)重点与难点：制订相关网络舆情风险解决方案	3
	1-2 选品策划	(1)选品方案制订方法	1)选品方案制订方法概述 2)设计主题活动 3)根据主题活动制订选品方案	(1)方法：讲授法、案例教学法 (2)重点与难点：根据主题活动制订选品方案	4
		(2)选品规划监控方法	1)选品规划监控方法概述 2)制订选品规划监控方案 3)监控选品规划执行进度	(1)方法：讲授法、演示法 (2)重点与难点：监控选品规划执行进度	3
2.团队管理	2-1 团队架构设置	(1)团队考核标准设计方法	1)团队考核标准设计方法 2)制定团队工作目标和任务 3)制定团队考核核心指标 4)制定团队考核标准	(1)方法：讲授法、讨论法、案例教学法 (2)重点与难点：制定团队考核标准	3
		(2)协作沟通技巧	1)协作沟通技巧概述 2)建立跨部门协作沟通机制 3)建立跨部门协作督导制度	(1)方法：讲授法、讨论法、实训（练习）法 (2)重点与难点：建立跨部门协作沟通机制	3

续表

模块	课程	学习单元	课程内容	培训建议	课堂学时
2. 团队管理	2-2 团队文化建设	(1) 员工评价体系建立方法	1) 员工评价体系建立方法概述 2) 确定员工评价维度和核心指标 3) 构建员工评价核心指标 4) 分层细化员工评价核心指标 5) 建立员工评价体系	(1) 方法：讲授法、讨论法、实训（练习）法 (2) 重点与难点：建立员工评价体系	4
		(2) 员工互评机制建立方法	1) 员工互评机制建立方法概述 2) 确定员工互评项目 3) 建立员工互评机制	(1) 方法：讲授法、讨论法、实训（练习）法 (2) 重点与难点：建立员工互评机制	3
3. 培训指导	3-1 培训	(1) 培训计划编写方法	1) 培训计划编写方法概述 2) 对培训对象进行调研 3) 确定培训目标、模块和周期 4) 编写培训计划	(1) 方法：讲授法、实训（练习）法 (2) 重点与难点：培训计划编写方法	3
		(2) 培训讲义编写方法	1) 培训讲义编写方法概述 2) 根据培训对象选定培训内容，搜集资料 3) 设计培训模块和编排培训教学顺序 4) 制定培训大纲 5) 编写培训讲义	(1) 方法：讲授法、实训（练习）法 (2) 重点与难点：培训讲义编写方法	3
		(3) 培训教学与组织技巧	1) 培训教学与组织技巧概述 2) 专业基础知识讲授方法和技巧 3) 专业技能讲授方法和技巧	(1) 方法：讲授法、实训（练习）法 (2) 重点与难点：专业技能讲授方法和技巧	2

续表

模块	课程	学习单元	课程内容	培训建议	课堂学时
3. 培训指导	3-2 指导	（1）专业技能指导方法	1）专业技能指导方法概述	（1）方法：讲授法、实训（练习）法 （2）重点与难点：制订专业技能指导工作方案	2
			2）制订专业技能指导工作方案		
			3）指导三级／高级及以下级别人员工作		
		（2）培训指导规范编写方法	1）培训指导规范编写方法概述	（1）方法：讲授法、实训（练习）法 （2）重点与难点：培训指导规范编写方法	3
			2）制定培训指导规范		
课堂学时合计					46

（2）直播销售员

模块	课程	学习单元	课程内容	培训建议	课堂学时
1. 直播营销	1-1 营销策划	（1）直播间搭建技巧	1）主题直播间搭建方案方法概述	（1）方法：讲授法、演示法、实训（练习）法 （2）重点与难点：主题直播间搭建统筹	5
			2）主题直播演示方法		
			3）活动主题设计		
			4）主题直播间搭建统筹		
			5）撰写主题直播间搭建方案		
		（2）个人品牌塑造方法	1）直播销售员账号类型相关知识概述	（1）方法：讲授法、演示法、实训（练习） （2）重点与难点：建立账号品牌矩阵	5
			2）明确账号人设定位		
			3）了解账号主页搭建规则		
			4）多渠道渲染账号品牌		
			5）建立账号品牌矩阵		
	1-2 直播规划	（1）直播销售周期目标编制方法	1）直播销售周期目标概述	（1）方法：讲授法、演示法、实训（练习）	5
			2）制定新号启动阶段直播销售目标及策略		

续表

模块	课程	学习单元	课程内容	培训建议	课堂学时
1. 直播营销	1-2 直播规划	（1）直播销售周期目标编制方法	3）制定稳定期直播销售目标及策略	（2）重点与难点：直播销售周期目标编制方法	
			4）制定业绩下滑期直播销售目标及策略		
		（2）直播流程操作步骤	1）标准直播流程操作步骤	（1）方法：讲授法、演示法、实训（练习） （2）重点：根据直播间主推品类设计直播流程 （3）难点：根据用户画像设计直播流程	5
			2）根据直播间主推品类设计直播流程		
			3）根据用户画像设计直播流程		
			4）根据团队组成设计直播流程		
2. 团队管理	2-1 团队架构设置	（1）团队考核标准设计方法	1）团队考核标准设计方法	（1）方法：讲授法、讨论法、案例教学法 （2）重点与难点：制定团队考核标准	3
			2）制定团队工作目标和任务		
			3）制定团队核心标准		
			4）制定团队考核标准		
		（2）协作沟通技巧	1）协作沟通技巧概述	（1）方法：讲授法、讨论法、实训（练习）法 （2）重点与难点：建立跨部门协作沟通机制	3
			2）建立跨部门协作沟通机制		
			3）建立跨部门协作督导制度		
	2-2 团队文化建设	（1）建立员工评价体系	1）员工评价体系建立方法概述	（1）方法：讲授法、讨论法、实训（练习）法 （2）重点与难点：建立员工评价体系	4
			2）确定员工评价维度和核心指标		
			3）构建员工评价核心指标		
			4）分层细化员工评价核心指标		
			5）建立员工评价体系		

续表

模块	课程	学习单元	课程内容	培训建议	课堂学时
2. 团队管理	2-2 团队文化建设	（2）建立员工互评机制	1）员工互评机制建立方法概述 2）确定员工互评项目 3）建立员工互评机制	（1）方法：讲授法、讨论法、实训（练习）法 （2）重点与难点：建立员工互评机制	3
3. 培训指导	3-1 培训	（1）培训计划编写方法	1）培训计划编写方法概述 2）对培训对象进行调研 3）确定培训目标、模块和周期 4）编写培训计划	（1）方法：讲授法、实训（练习）法 （2）重点与难点：培训计划编写方法	3
		（2）培训讲义编写方法	1）培训讲义编写方法概述 2）根据培训对象选定培训内容、搜集资料 3）设计培训模块和编排培训教学顺序 4）制定培训大纲 5）编写培训讲义	（1）方法：讲授法、实训（练习）法 （2）重点与难点：培训讲义编写方法	3
		（3）培训教学与组织技巧	1）培训教学与组织技巧概述 2）专业基础知识讲授方法和技巧 3）专业技能讲授方法和技巧	（1）方法：讲授法、实训（练习）法 （2）重点与难点：专业技能讲授方法和技巧	2
	3-2 指导	（1）专业技能指导方法	1）专业技能指导方法概述 2）制订专业技能指导工作方案 3）指导三级/高级及以下级别人员工作	（1）方法：讲授法、实训（练习）法 （2）重点与难点：制订专业技能指导工作方案	2
		（2）培训指导规范编写方法	1）培训指导规范编写方法概述 2）制定培训指导规范	（1）方法：讲授法、实训（练习）法 （2）重点与难点：培训指导规范编写方法	3
课堂学时合计					46

(3) 视频创推员

模块	课程	学习单元	课程内容	培训建议	课堂学时
1. 视频创推	1-1 视频创作	(1) 视频创作规划设计方法	1) 视频制片管理基础 2) 视频创作资源分析 3) 主要视频类型创作痛点 4) 视频定位及规划方案	(1) 方法：讲授法、案例教学法 (2) 重点与难点：视频定位及规划方案	4
		(2) 视频制作步骤	1) 营销方案分析与流程规划 2) 创作人员匹配与安排 3) 视频制作流程方案撰写	(1) 方法：讲授法、演示法、案例教学法 (2) 重点与难点：视频制作流程方案撰写	4
	1-2 视频推广	(1) 热点话题制造技巧	1) 热点事件分类及捕捉方法 2) 创作方向与热点事件合理结合方法 3) 制造热点话题主要步骤	(1) 方法：讲授法、演示法、案例教学法 (2) 重点：制造热点话题主要步骤 (3) 难点：创作方向与热点事件合理结合方法	4
		(2) 投放效果数据分析方法	1) 视频投放效果核心数据 2) 数据变化与投放行为对应分析 3) 投放效果分析建模方法 4) 投放策略调整方法	(1) 方法：讲授法、演示法、实训（练习）法 (2) 重点：投放策略调整方法 (3) 难点：数据变化与投放行为对应分析	4
		(3) 投放预算编制方法	1) 投放目标数据设定 2) 投放成本核算 3) 投放预算编制方法	(1) 方法：讲授法、演示法、实训（练习）法 (2) 重点与难点：投放目标数据设定	4
2. 团队管理	2-1 团队架构设置	(1) 团队考核标准设计方法	1) 团队考核标准设计方法概论 2) 视频创推团队工作目标和任务 3) 视频创推团队考核核心指标	(1) 方法：讲授法、案例教学法、讨论法 (2) 重点与难点：视频创推团队考核核心指标	3

续表

模块	课程	学习单元	课程内容	培训建议	课堂学时
2. 团队管理	2-1 团队架构设置	（2）协作沟通技巧	1）视频团队部门职责划分 2）建立跨部门协作沟通机制 3）建立跨部门协作督导制度	（1）方法：讲授法、案例教学法、讨论法 （2）重点与难点：建立跨部门协作沟通机制	3
	2-2 团队文化建设	（1）员工评价体系建立方法	1）员工评价核心指标 2）常见评价体系模式 3）员工评价体系建立方法	（1）方法：讲授法、讨论法 （2）重点与难点：员工评价体系建立方法	4
		（2）员工互评机制建立方法	1）员工互评机制建立方法概述 2）确定员工互评项目 3）建立员工互评机制	（1）方法：讲授法、讨论法、实训（练习）法 （2）重点与难点：建立员工互评机制	3
3. 培训指导	3-1 培训	（1）培训计划制订方法	1）培训对象调研 2）培训目标、模块和周期设定方法 3）培训计划编写方法	（1）方法：讲授法 （2）重点与难点：培训计划制订方法	3
		（2）培训讲义编制方法	1）培训内容选定 2）培训讲义素材收集 3）培训讲义编写 4）培训大纲制定方法	（1）方法：讲授法、案例教学法、实训（练习）法 （2）重点与难点：培训大纲制定方法	3
		（3）培训教学与组织技巧	1）培训教学与组织技巧概述 2）专业基础知识讲授方法和技巧 3）专业技能讲授方法和技巧	（1）方法：讲授法、实训（练习）法 （2）重点与难点：专业技能讲授方法和技巧	2
	3-2 指导	（1）专业技能指导方法	1）组织行为学概述 2）专业技能指导工作方案 3）视频创推执行团队岗位职责	（1）方法：讲授法、讨论法、实训（练习）法 （2）重点与难点：专业技能指导工作方案	2

续表

模块	课程	学习单元	课程内容	培训建议	课堂学时
3. 培训指导	3-2 指导	（2）培训指导规范编写方法	1）培训指导规范编写方法概述 2）制定培训指导规范 3）标准化培训对新从业者指导意义	（1）方法：讲授法、讨论法 （2）重点与难点：制定培训指导规范	3
课堂学时合计					46

2.2.6 一级/高级技师职业技能培训课程规范

（1）选品员

模块	课程	学习单元	课程内容	培训建议	课堂学时
1. 产品确定及规划	1-1 产品分析	（1）热销产品预判方法	1）热销产品预判方法概述 2）产品生命周期理论 3）热销产品特点 4）编写粉丝画像分析报告 5）产品销售数据统计方法 6）汇总和分析各大直播平台或电商平台热销产品排行榜数据 7）通过销售数据分析预判热销产品方法	（1）方法：讲授法、演示法、案例教学法 （2）重点与难点：通过销售数据分析预判热销产品方法	4
		（2）根据复购率预判产品销量方法	1）根据复购率预判产品销量方法概述 2）复购率计算方法 3）编写根据复购率预判产品销量报告	（1）方法：讲授法、演示法 （2）重点：复购率计算方法 （3）难点：编写根据复购率预判产品销量报告	3

续表

模块	课程	学习单元	课程内容	培训建议	课堂学时
1. 产品确定及规划	1-1 产品分析	（3）产品信息数据库建立方法	1）产品信息数据库建立方法概述 2）确定产品信息数据库主要指标 3）建立产品信息数据库 4）建立产品信息数据动态调整机制	（1）方法：讲授法、案例教学法 （2）重点与难点：建立产品信息数据动态调整机制	3
		（4）相关网络舆情风险预防方法	1）相关网络舆情风险预防方法概述 2）建立知识产权保护机制 3）建立差评应急反应制度	（1）方法：讲授法、讨论法、案例教学法 （2）重点与难点：建立差评应急反应制度	2
	1-2 选品策划	（1）供应链渠道建立方法	1）供应链渠道建立方法概述 2）制定产品质量标准 3）建立优质供应商遴选标准 4）建立多渠道供应链体系 5）与供应商实施供应链协同管理	（1）方法：讲授法、讨论法、案例教学法 （2）重点：建立优质供应商遴选标准 （3）难点：建立多渠道供应链体系	4
		（2）新产品开发方法	1）新产品开发方法概述 2）编写新产品开发可行性报告 3）组建新产品研发团队 4）制订新产品设计方案 5）生产新产品样品 6）根据预售反馈开展新产品柔性生产	（1）方法：讲授法、案例教学法 （2）重点与难点：新产品开发方法	4

续表

模块	课程	学习单元	课程内容	培训建议	课堂学时
2. 团队管理	2-1 团队架构设置	(1) 团队架构搭建方法	1) 团队架构搭建方法概述 2) 分析选品业务流程 3) 根据选品业务流程设置相关岗位 4) 制定选品业务相关岗位职责 5) 搭建选品业务团队	(1) 方法：讲授法、讨论法 (2) 重点与难点：制定选品业务相关岗位职责	4
		(2) 团队分工调整方法	1) 团队分工调整方法概述 2) 建立市场信息反馈机制 3) 根据市场变化调整业务方向 4) 根据业务方向调整团队分工	(1) 方法：讲授法、案例教学法 (2) 重点与难点：团队分工调整方法	3
	2-2 团队文化建设	(1) 团队文化理念建立方法	1) 团队文化理念建立方法概述 2) 制定团队发展愿景 3) 制定团队使命 4) 提炼团队核心价值观 5) 编写团队文化理念建设方案	(1) 方法：讲授法、讨论法、案例教学法 (2) 重点与难点：提炼团队核心价值观	3
		(2) 团队管理规范制定方法	1) 团队管理规范制定方法概述 2) 把团队核心价值观具体量化为团队管理指标 3) 分级细化团队管理指标 4) 制定团队管理规章制度 5) 打造高效团队方法	(1) 方法：讲授法、讨论法、案例教学法 (2) 重点与难点：制定团队管理规章制度	3

续表

模块	课程	学习单元	课程内容	培训建议	课堂学时
3. 培训指导	3-1 培训	(1) 培训教学工作要求与技巧	1）培训教学工作要求与技巧概述 2）设计学员调查问卷 3）分析培训需求 4）制订培训教学计划 5）编写培训教学大纲和教学课件 6）准备培训教学所需器材 7）组织实施培训教学	(1) 方法：讲授法、案例教学法、实训（练习）法 (2) 重点与难点：培训教学工作要求与技巧	3
		(2) 培训考评体系建立方法	1）培训考评体系建立方法概述 2）设计培训考评关键指标 3）分级细化培训考评指标 4）编写培训考评方案 5）建立培训考评动态修订机制	(1) 方法：讲授法、案例教学法、实训（练习）法 (2) 重点与难点：建立培训考评动态修订机制	4
	3-2 指导	(1) 专业技能指导考评方法	1）专业技能指导考评方法概述 2）制定专业技能指导考评方法 3）指导二级/技师及以下级别人员掌握选品原则和选品方法 4）指导二级/技师及以下级别人员编写选品方案 5）指导二级/技师及以下级别人员实施选品作业 6）纠正二级/技师及以下级别人员实施选品作业出现的偏差	(1) 方法：讲授法、案例教学法、演示法、实训（练习）法 (2) 重点与难点：制定专业技能指导考评方法	3

续表

模块	课程	学习单元	课程内容	培训建议	课堂学时
3. 培训指导	3-2 指导	（2）培训效果评估方法	1）培训效果评估方法概述 2）制订培训效果评估方案 3）学员满意程度评估方法 4）学员学习获得程度评估方法 5）学员知识运用程度评估方法 6）培训社会效益和经济效益评估方法 7）编制培训效果评估报告	（1）方法：讲授法、演示法 （2）重点与难点：编制培训效果评估报告	3
课堂学时合计					46

（2）直播销售员

模块	课程	学习单元	课程内容	培训建议	课堂学时
1. 直播营销	1-1 营销计划	（1）多媒介传播方法	1）锁定传播对象实现精准传播 ①产品属性 ②投放目的 ③目标用户画像 ④选择直播预热频率 2）直播前宣传预热 ①直播前宣传规划 ②选择宣传平台 3）设置引流直播标题 ①直播标题类型 ②直播标题写作方法 4）打造直播封面图 5）开展平台内付费推广 ①淘宝直播付费推广 ②抖音直播付费推广 ③快手直播付费推广	（1）方法：讲授法、演示法、实训（练习）法 （2）重点与难点：锁定传播对象实现精准传播	5

续表

模块	课程	学习单元	课程内容	培训建议	课堂学时
1. 直播营销	1-1 营销计划	（1）多媒介传播方法	6）二次传播扩大直播效果 ①明确二次传播目标 ②选择二次传播形式 ③选择媒体平台	（1）方法：讲授法、讨论法、演示法、实训（练习）法 （2）重点与难点：直播间营销效果数据分析常用指标	5
		（2）营销效果评估方法	1）直播间数据分析基本思路 ①确定数据分析目标 ②如何获取数据 ③直播数据 ④电商数据 ⑤体现营销效果重点数据 ⑥数据处理 ⑦数据分析 2）直播间营销效果数据分析常用指标 ①粉丝画像数据指标 ②流量数据指标 ③互动数据指标		
	1-2 直播规划	（1）直播用户管理方法	1）直播用户类型 ①公域流量用户 ②私域流量用户 ③商域流量用户 2）直播用户属性 ①人气类用户 ②评论类用户 ③点击类用户 ④涨粉类用户 ⑤下单类用户 3）不同类型粉丝心理及管理策略 ①高频消费粉丝 ②低频消费粉丝 ③其他电商直播销售员粉丝 ④平台新手粉丝 4）制订直播用户管理计划 ①建立粉丝社区 ②持续输出内容 ③定期举办活动	（1）方法：讲授法、演示法、实训（练习）法 （2）重点与难点：制订直播用户管理计划	5

续表

模块	课程	学习单元	课程内容	培训建议	课堂学时
1. 直播营销	1-2 直播规划	(2) 提升用户购买率方法	1) 精准的标签和流量 ①直播营销成交逻辑和流量推送机制 ②为直播间打上精准标签 2) 优化影响用户购买率直播数据 ①停留数据 ②评论数据 ③点击购物车 ④下单 ⑤UV价值 3) 优化直播间流量承接端 ①引流计划 ②爆款打造计划 ③重启成交计划 4) 高效的直播销售和排款策略 ①直播间产品分类 ②根据排品特点划分两种直播间类型 5) 根据ROI指标动态调整和优化提升用户购买率计划	(1) 方法：讲授法、案例教学法、讨论法 (2) 重点与难点：根据ROI指标动态调整和优化提升用户购买率计划	5
2. 团队管理	2-1 团队架构设置	(1) 团队架构搭建方法	1) 团队架构搭建方法概述 2) 分析直播销售业务流程 3) 根据直播销售业务流程设置相关岗位 4) 制定直播销售业务相关岗位职责 5) 搭建直播销售业务团队	(1) 方法：讲授法、讨论法 (2) 重点与难点：团队架构搭建方法	4

续表

模块	课程	学习单元	课程内容	培训建议	课堂学时
2. 团队管理	2-1 团队架构设置	（2）团队分工调整方法	1）团队分工调整方法概述 2）建立市场信息反馈机制 3）根据市场变化调整业务方向 4）根据业务方向调整团队分工	（1）方法：讲授法、案例教学法 （2）重点与难点：根据业务方向调整团队分工	4
	2-2 团队文化建设	（1）团队文化理念建立方法	1）团队文化理念建立方法概述 2）制定团队发展愿景 3）制定团队使命 4）提炼团队核心价值观 5）编写团队文化理念建设方案	（1）方法：讲授法、讨论法、案例教学法 （2）重点与难点：团队文化理念建立方法	3
		（2）团队管理规范制定方法	1）团队管理规范制定方法概述 2）将团队核心价值观具体量化为团队管理指标 3）分级细化团队管理指标 4）制定团队管理规章制度 5）打造高效团队方法	（1）方法：讲授法、讨论法、案例教学法 （2）重点与难点：团队管理规范制定方法	3
3. 培训指导	3-1 培训	（1）培训教学工作要求与技巧	1）培训教学工作的要求与技巧概述 2）设计学员调查问卷 3）分析培训需求 4）制订培训教学计划 5）编写培训教学大纲和教学课件	（1）方法：讲授法、案例教学法、实训（练习）法	3

续表

模块	课程	学习单元	课程内容	培训建议	课堂学时
3. 培训指导	3-1 培训	（1）培训教学工作要求与技巧	6）准备培训教学所需器材	（2）重点与难点：制订培训教学计划	
			7）组织实施培训教学		
		（2）培训考评体系建立方法	1）培训考评体系建立方法概述	（1）方法：讲授法、案例教学法、实训（练习）法 （2）重点与难点：建立培训考评动态修订机制	3
			2）设计培训考评关键指标		
			3）分级细化培训考评指标		
			4）编写培训考评方案		
			5）建立培训考评动态修订机制		
	3-2 指导	（1）专业技能指导考评方法	1）专业技能指导考评方法概述	（1）方法：讲授法、案例教学法、演示法、实训（练习）法 （2）重点与难点：制定专业技能指导考评方法	3
			2）制定专业技能指导考评方法		
			3）指导二级/技师及以下级别人员掌握直播销售原则和直播销售方法		
			4）指导二级/技师及以下级别人员编写直播销售方案		
			5）指导二级/技师及以下级别人员实施直播销售作业		
			6）纠正二级/技师及以下级别人员实施直播销售作业出现的偏差		
		（2）培训效果评估方法	1）培训效果评估方法概述	（1）方法：讲授法、演示法	3
			2）制订培训效果评估方案		
			3）学员满意程度评估方法		
			4）学员学习获得程度评估方法		

续表

模块	课程	学习单元	课程内容	培训建议	课堂学时
3. 培训指导	3-2 指导	(2) 培训效果评估方法	5) 学员知识运用程度评估方法 6) 培训社会效益和经济效益评估方法 7) 编制培训效果评估报告	(2) 重点与难点：编制培训效果评估报告	
课堂学时合计					46

(3) 视频创推员

模块	课程	学习单元	课程内容	培训建议	课堂学时
1. 视频创推	1-1 视频内容	(1) 视频矩阵建立方法	1) 视频矩阵布局与定位 2) 视频矩阵运营优势 3) 常见视频矩阵模式及运营方法	(1) 方法：讲授法、案例教学法 (2) 重点与难点：视频矩阵布局与定位	5
		(2) 视频账号孵化方法	1) 视频账号定位与管理 2) 视频创作产业链管理 3) 视频账号运营战略制定	(1) 方法：讲授法、演示法、讨论法 (2) 重点与难点：视频账号运营战略制定	5
	1-2 视频推广	(1) 传播路径监控方法	1) 传播目标与效果预测方法 2) 传播路径监控方法 3) 结合数据调整传播策略方法	(1) 方法：讲授法、演示法 (2) 重点与难点：结合数据调整传播策略方法	5
		(2) 视频推广计划制订方法	1) 视频推广计划制订方法概述 2) 视频推广实施方案阶段评估 3) 视频推广预算标准体系	(1) 方法：讲授法、演示法、实训（练习）法 (2) 重点与难点：视频推广实施方案阶段评估	5

续表

模块	课程	学习单元	课程内容	培训建议	课堂学时
2. 团队管理	2-1 团队架构设置	（1）团队架构搭建方法	1）常见团队组织架构 2）团队结构建模方法 3）岗位设置与职能规划 4）工作绩效量化评估标准	（1）方法：讲授法、案例教学法、讨论法 （2）重点与难点：工作绩效量化评估标准	4
2. 团队管理	2-1 团队架构设置	（2）团队分工调整方法	1）市场信息反馈机制建立方法 2）团队分工调整方法 3）团队管理沟通技巧	（1）方法：讲授法、案例教学法 （2）重点与难点：团队分工调整方法	4
2. 团队管理	2-2 团队文化建设	（1）团队文化理念建立方法	1）制定团队发展愿景和使命 2）提炼团队核心价值观 3）编写团队文化理念建设方案	（1）方法：讲授法、案例教学法 （2）重点与难点：提炼团队核心价值观	3
2. 团队管理	2-2 团队文化建设	（2）团队管理规范制定方法	1）视频创推行业团队管理特点 2）团队管理主要指标 3）团队管理规章制度制定方法	（1）方法：讲授法、案例教学法、实训（练习）法 （2）重点与难点：团队管理规章制度制定方法	3
3. 培训指导	3-1 培训	（1）培训教学工作要求与技巧	1）学员调查问卷设计方法 2）培训需求分析 3）培训教学所需器材 4）组织实施培训教学 5）培训教学工作技巧	（1）方法：讲授法、讨论法 （2）重点与难点：培训教学工作技巧	3
3. 培训指导	3-1 培训	（2）培训考评体系建立方法	1）培训考评体系建立方法概述 2）设计培训考评关键指标 3）编写培训考评方案	（1）方法：讲授法、案例教学法、实训（练习）法 （2）重点与难点：设计培训考评关键指标	3

续表

模块	课程	学习单元	课程内容	培训建议	课堂学时
3. 培训指导	3-2 指导	（1）专业技能指导考评方法	1）制定专业技能指导考评方法 2）指导二级/技师及以下级别人员掌握视频制作方法和视频推广方式 3）指导二级/技师及以下级别人员编写视频创推方案 4）纠正二级/技师及以下级别人员实施视频创推作业出现的偏差	（1）方法：讲授法、案例教学法、演示法、实训（练习）法 （2）重点与难点：制定专业技能指导考评方法	3
		（2）培训效果评估方法	1）学员满意程度评估方法 2）学员知识运用程度评估方法 3）培训社会效益和经济效益评估方法 4）编制培训效果评估报告	（1）方法：讲授法、演示法 （2）重点与难点：编制培训效果评估报告	3
课堂学时合计					46

2.2.7 培训建议中培训方法说明

1．讲授法

讲授法是指教师通过口头语言表达的方式，系统地向学员传授知识，传播思想理念，即教师通过叙述、描绘、解释、推论来传递信息，传授知识，阐明概念，论证定律和公式，引导学员获取知识，认识和分析问题。这是最早也是应用最广的一种培训方法。

2．讨论法

讨论法是指在教师的指导下，学员以班级或小组为单位，围绕学习单元的内容，对某一专题进行深入探讨，发挥学员的主动性、积极性，从而获得知识或巩固知识的一种培训方法，要求教师在讨论结束时对讨论的主题做归纳性总结。

3．实训（练习）法

实训（练习）法是指培训中通过模拟实际工作环境，用实际案例，理论联系实践，通过学员参与式学习，让学员巩固知识，运用知识，形成技能技巧，在较短的时间内在专业技能、实践经验、工作方法、团队合作等方面都有所提高的培训方法。

4．演示法

演示法是指在培训过程中，教师通过展示各种实物、教具，进行示范性演示，使学员获得知识、技能的培训方法。在培训中，教师对操作内容进行现场演示，边操作边讲解，强调操作的关键步骤和注意事项，让学员边学边做，理论与技能并重，师生互动，提高学员的学习兴趣和学习效率。

5．案例教学法

案例教学法是指围绕一定的培训目的，把真实情景加以典型化处理，形成供学员思考分析和决断的案例，通过案例分析，提出问题，分析问题，找到解决问题的途径和手段，提高学员分析问题和解决问题的能力。

6．情景模拟法

情景模拟法是一种行为测试手段，是指教师在培训前根据测试内容，事先准备和布置培训现场，并设定情景表演的情景、对话内容及评估标准，通过学员现场的情景模拟活动以及教师对活动效果的及时评估，达到培训的预期效果。

2.3 考核规范

2.3.1 职业基本素质培训考核规范

考核范围	考核比重（%）	考核内容	考核比重（%）	考核单元
1．职业认知与职业道德	20	1-1 职业认知	10	互联网营销师职业认知
		1-2 职业道德基本知识	10	职业道德与职业守则
2．计算机及网络应用知识	8	2-1 计算机基础知识	4	计算机系统与移动设备基础知识
		2-2 互联网应用相关知识	4	网络组成及应用

续表

考核范围	考核比重（%）	考核内容	考核比重（%）	考核单元
3. 营销基础知识	16	3-1 营销学基础知识	3	(1) 市场与市场营销
				(2) 市场营销相关基本概念
		3-2 互联网营销定义、分类和职能	3	(1) 互联网营销定义与分类
				(2) 互联网营销职能
		3-3 互联网营销传播特点	5	互联网营销传播特点
		3-4 互联网营销策略及主要方法	5	互联网营销策略及主要方法
4. 传播内容制作基础知识	21	4-1 摄影、录像拍摄基础知识	4	(1) 摄影设备与基础知识
				(2) 摄影基本技巧
		4-2 图片、视频编辑制作基础知识	4	(1) 图片制作基础知识
				(2) 视频制作基础知识
		4-3 视听语言表达基础知识	5	(1) 视觉语言构成
				(2) 听觉语言构成
		4-4 新媒体应用基础知识	5	(1) 新媒体平台运营
				(2) 新媒体内容运营
		4-5 多媒体技术基础知识	3	多媒体技术基础知识
5. 产品基础知识	15	5-1 产品质量知识	5	(1) 产品标准与质量认证
				(2) 产品检验与质量监督
		5-2 产品分类与编码	5	产品分类与编码
		5-3 特殊产品宣传知识	5	特殊产品宣传
6. 安全基础知识	10	6-1 网络信息安全知识	4	网络信息安全威胁与保护
		6-2 设备及操作安全知识	3	设备实体安全与存储介质安全
		6-3 场地环境安全知识	3	物理环境安全与通信线路安全

续表

考核范围	考核比重（%）	考核内容	考核比重（%）	考核单元
7．相关法律、法规知识	10	7-1 互联网营销法律、法规概述	4	网络行为中参与各方的法律关系
		7-2 互联网营销相关法律、法规知识	6	互联网营销相关法律、法规知识

2.3.2 五级/初级职业技能培训理论知识考核规范

（1）选品员

考核范围	考核比重（%）	考核内容	考核比重（%）	考核单元
1．工作准备	14	1-1 宣传准备	5	（1）产品图文素材搜集方法
				（2）网络搜索工具使用方法
				（3）产品图文信息发布技巧
				（4）搜集相关网络舆情风险信息方法
		1-2 设备、软件和材料准备	5	（1）软件下载、安装方法
				（2）直播样品搜集方法
		1-3 风险评估	4	（1）断网、断电等故障解决方法
				（2）营销过程中法律、法规风险判断方法
2．产品信息收集	43	2-1 市场调研	20	（1）产品销售信息收集和汇总方法
				（2）产品营销方案收集和汇总方法
		2-2 样品搜集	23	（1）样品选择方法
				（2）物流信息查询方法
				（3）样品到达状态记录方法
3．产品确定及规划	43	3-1 样品试用及分析	14	（1）样品试用注意事项
				（2）产品信息与样品比对方法
		3-2 营销卖点分析	15	（1）产品优缺点汇总方法
				（2）产品介绍编写方法
		3-3 商谈合作方式	14	（1）产品报价商议方法
				（2）合作协议主要内容和签订方法

（2）直播销售员

考核范围	考核比重（%）	考核内容	考核比重（%）	考核单元
1．工作准备	14	1-1 宣传准备	5	（1）搜集产品图文素材 （2）使用网络搜索工具核实、整理产品图文素材信息 （3）发布图文信息预告 （4）搜集相关网络舆情风险信息
		1-2 设备、软件和材料准备	5	（1）连接硬件设备 （2）下载、安装直播软件 （3）选择直播道具及场地
		1-3 风险评估	4	（1）解决断网、断电故障问题 （2）判断并防范营销过程中法律、法规风险
2．直播营销	56	2-1 直播预演	24	（1）撰写单品直播脚本 （2）单品直播预演
		2-2 直播销售	32	（1）FAB分析法及产品卖点介绍技巧 （2）展示销售产品 （3）引导用户下单
3．售后与复盘	30	3-1 售后	15	（1）查询产品发货进度 （2）处理用户反馈问题
		3-2 复盘	15	（1）采集营销数据 （2）统计营销数据

（3）视频创推员

考核范围	考核比重（%）	考核内容	考核比重（%）	考核单元
1．工作准备	14	1-1 宣传准备	5	（1）产品图文素材搜集方法 （2）网络搜索工具使用方法 （3）产品图文信息发布技巧 （4）相关网络舆情风险信息搜集方法
		1-2 设备、软件和材料准备	5	（1）硬件设备安装、调试方法 （2）软件下载、安装方法
		1-3 风险评估	4	（1）断网、断电等故障解决方法 （2）营销过程中法律、法规风险判断方法

续表

考核范围	考核比重（%）	考核内容	考核比重（%）	考核单元
2．视频创推	56	2-1 视频创作	28	（1）手机软件拍摄方法 （2）产品特征呈现技巧 （3）视频保存方法
		2-2 视频推广	28	（1）视频上传方法 （2）视频发布方法 （3）推广功能使用方法
3．售后与复盘	30	3-1 售后	15	（1）发货进度查询方法 （2）用户投诉问题处理方法
		3-2 复盘	15	（1）营销数据采集方法 （2）统计软件使用方法

（4）平台管理员

考核范围	考核比重（%）	考核内容	考核比重（%）	考核单元
1．工作准备	14	1-1 宣传准备	5	（1）使用网络搜索工具核实、整理产品图文素材信息 （2）产品图文信息预告发布 （3）相关网络舆情风险信息搜集
		1-2 设备、软件和材料准备	5	（1）硬件设备安装、调试 （2）直播软件下载、安装 （3）选择直播道具及场地
		1-3 风险评估	4	（1）解决断网、断电故障问题 （2）营销过程中法律、法规风险判断方法
2．技术支持与互动管理	43	2-1 技术支持	28	（1）网络环境测试方法 （2）直播设备测试方法 （3）产品链接设置方法
		2-2 互动管理	15	（1）用户沟通原则及要求 （2）后台管理功能操作方法
3．售后与复盘	43	3-1 售后	20	（1）产品发货进度查询方法 （2）用户投诉问题处理方法
		3-2 复盘	23	（1）营销数据采集方法 （2）营销数据统计方法

2.3.3 五级/初级职业技能培训操作技能考核规范

(1) 选品员

考核范围	考核比重（%）	考核内容	考核比重（%）	考核形式	选考方式	考核时间（min）	重要程度
1. 工作准备	30	1-1 宣传准备	14	实操	必考	10	X
		1-2 设备、软件和材料准备	10	实操	必考	15	X
		1-3 风险评估	6	笔试	必考	5	Y
2. 产品信息收集	30	2-1 市场调研	15	实操	必考	10	X
		2-2 样品搜集	15	实操	必考	10	X
3. 产品确定及规划	40	3-1 样品试用及分析	10	实操	必考	20	X
		3-2 营销卖点分析	15	笔试	必考	10	X
		3-3 商谈合作方式	15	实操	必考	10	X

重要程度说明："X"表示核心要素，是鉴定中最重要、出现频率最高的内容，具有必备性、典型性的特点；"Y"表示一般要素，是鉴定中一般重要的内容。

(2) 直播销售员

考核范围	考核比重（%）	考核内容	考核比重（%）	考核形式	选考方式	考核时间（min）	重要程度
1. 工作准备	30	1-1 宣传准备	14	实操	必考	10	X
		1-2 设备、软件和材料准备	10	实操	必考	15	X
		1-3 风险评估	6	笔试	必考	5	Y
2. 直播营销	50	2-1 直播预演	20	实操	必考	15	X
		2-2 直播销售	30	实操	必考	20	X
3. 售后与复盘	20	3-1 售后	10	笔试	必考	10	X
		3-2 复盘	10	笔试	必考	15	X

(3) 视频创推员

考核范围	考核比重（%）	考核内容	考核比重（%）	考核形式	选考方式	考核时间（min）	重要程度
1. 工作准备	30	1-1 宣传准备	14	实操	必考	10	X
		1-2 设备、软件和材料准备	10	实操	必考	15	X
		1-3 风险评估	6	笔试	必考	5	X

续表

考核范围	考核比重（%）	考核内容	考核比重（%）	考核形式	选考方式	考核时间（min）	重要程度
2．视频创推	50	2-1 视频创作	25	实操	必考	20	X
		2-2 视频推广	25	实操	必考	15	X
3．售后与复盘	20	3-1 售后	10	笔试	必考	10	X
		3-2 复盘	10	笔试	必考	15	X

（4）平台管理员

考核范围	考核比重（%）	考核内容	考核比重（%）	考核形式	选考方式	考核时间（min）	重要程度
1．准备工作	30	1-1 宣传准备	14	实操	必考	10	X
		1-2 设备、软件和材料准备	10	实操	必考	15	X
		1-3 风险评估	6	笔试	必考	5	X
2．技术支持与互动管理	40	2-1 技术支持	20	实操	必考	20	X
		2-2 互动管理	20	实操	必考	15	X
3．售后与复盘	30	3-1 售后	15	笔试	必考	10	X
		3-2 复盘	15	笔试	必考	15	X

2.3.4　四级／中级职业技能培训理论知识考核规范

（1）选品员

考核范围	考核比重（%）	考核内容	考核比重（%）	考核单元
1．工作准备	12	1-1 宣传准备	5	（1）素材搜集计划制订方法
				（2）制作产品专属宣传素材
				（3）汇总、统计相关网络舆情风险信息
		1-2 设备、软件和材料准备	4	（1）样品库盘点方法
				（2）样品（道具）搭配方法
		1-3 风险评估	3	（1）团队协作风险评估方法
				（2）风险应对计划制订方法

续表

考核范围	考核比重（%）	考核内容	考核比重（%）	考核单元
2．产品信息收集	44	2-1 市场调研	16	（1）产品溯源方法
				（2）产品及用户调研方法
				（3）竞品调研方法
		2-2 调研结果分析	12	（1）信息分类方法
				（2）信息比对方法
		2-3 样品搜集	16	（1）样品要求提出方法
				（2）样品分类管理方法
				（3）样品试用计划制订方法
3．产品确定及规划	44	3-1 样品试用及分析	15	（1）样品与产品描述比对方法
				（2）平台搜索技巧及产品价格比对分析
		3-2 确定营销卖点	15	（1）营销定位方法
				（2）产品营销话术编写方法
		3-3 确定合作方式	14	（1）合作建议主要内容
				（2）结算方案设计方法

（2）直播销售员

考核范围	考核比重（%）	考核内容	考核比重（%）	考核单元
1．工作准备	12	1-1 宣传准备	5	（1）制作并发布产品专属宣传素材
				（2）制订、执行跨平台宣传计划
				（3）汇总、统计相关网络舆情风险信息
		1-2 设备、软件和材料准备	4	（1）制订样品（道具）搭配计划
				（2）制订出镜者形象方案
		1-3 风险评估	3	（1）评估团队协作风险
				（2）制订并执行直播中常见风险应对计划
2．直播营销	56	2-1 直播预演	28	（1）撰写团队协作直播脚本
				（2）测试直播营销流程
		2-2 直播销售	28	（1）使用营销话术介绍产品特点
				（2）介绍平台优惠及产品折扣信息

续表

考核范围	考核比重（%）	考核内容	考核比重（%）	考核单元
3．售后与复盘	32	3-1 售后	16	（1）分析、汇总异常数据
				（2）建立售后标准工作流程
		3-2 复盘	16	（1）复核售前预测数据
				（2）分析、优化营销方案

（3）视频创推员

考核范围	考核比重（%）	考核内容	考核比重（%）	考核单元
1．工作准备	12	1-1 宣传准备	5	（1）产品专属宣传素材制作方法
				（2）跨平台宣传计划执行方法
				（3）相关网络舆情风险信息统计方法
		1-2 设备、软件和材料准备	4	（1）样品（道具）搭配方法
				（2）出镜者形象方案制订方法
		1-3 风险评估	3	（1）团队协作风险评估方法
				（2）风险应对计划制订方法
2．视频创推	56	2-1 视频创作	30	（1）拍摄方案制订方法
				（2）拍摄素材管理方法
				（3）素材剪辑方法
		2-2 视频推广	26	（1）推广渠道搜集方法
				（2）推广工具使用方法
3．售后与复盘	32	3-1 售后	16	（1）异常数据分析、汇总方法
				（2）售后标准工作流程主要内容
		3-2 复盘	16	（1）售前预测数据复核方法
				（2）营销方案优化方法

（4）平台管理员

考核范围	考核比重（%）	考核内容	考核比重（%）	考核单元
1．工作准备	12	1-1 宣传准备	5	（1）跨平台宣传计划执行方法
				（2）宣传数据监控方案制定
				（3）音视频转码工具运用方法
				（4）相关网络舆情风险信息汇总、统计
		1-2 设备、软件和材料准备	4	（1）硬件设备选择方法
				（2）设备搭建与联调方法
		1-3 风险评估	3	（1）团队协作风险评估
				（2）风险应对计划制订方法
2．技术支持与互动管理	44	2-1 技术支持	28	（1）根据直播计划整理设备清单
				（2）现场设备故障排除方法
				（3）直播界面功能配置方法
				（4）产品素材上传至直播间方法
		2-2 互动管理	16	（1）互动管理规则制定方法
				（2）互动常见问题库建立方法
3．售后与复盘	44	3-1 售后	22	（1）异常数据分析、汇总方法
				（2）售后标准工作流程建立方法
		3-2 复盘	22	（1）售前预测数据复核方法
				（2）营销方案优化方法

2.3.5 四级／中级职业技能培训操作技能考核规范

（1）选品员

考核范围	考核比重（%）	考核内容	考核比重（%）	考核形式	选考方式	考核时间（min）	重要程度
1．工作准备	25	1-1 宣传准备	10	笔试	必考	10	X
		1-2 设备、软件和材料准备	10	实操	必考	10	X
		1-3 风险评估	5	笔试	必考	5	Y

续表

考核范围	考核比重（%）	考核内容	考核比重（%）	考核形式	选考方式	考核时间（min）	重要程度
2．产品信息收集	25	2-1 市场调研	10	实操	必考	10	X
		2-2 调研结果分析	10	笔试	必考	15	X
		2-3 样品搜集	5	实操	必考	5	Y
3．产品确定及规划	50	3-1 样品试用及分析	20	实操	必考	15	X
		3-2 确定营销卖点	20	实操	必考	10	X
		3-3 确定合作方式	10	实操	必考	10	X

（2）直播销售员

考核范围	考核比重（%）	考核内容	考核比重（%）	考核形式	选考方式	考核时间（min）	重要程度
1．工作准备	25	1-1 宣传准备	10	笔试	必考	10	X
		1-2 设备、软件和材料准备	10	实操	必考	15	X
		1-3 风险评估	5	笔试	必考	5	Y
2．直播营销	55	2-1 直播预演	25	实操	必考	15	X
		2-2 直播销售	30	实操	必考	20	X
3．售后与复盘	20	3-1 售后	10	笔试	必考	10	X
		3-2 复盘	10	笔试	必考	15	X

（3）视频创推员

考核范围	考核比重（%）	考核内容	考核比重（%）	考核形式	选考方式	考核时间（min）	重要程度
1．工作准备	25	1-1 宣传准备	10	笔试	必考	10	X
		1-2 设备、软件和材料准备	10	实操	必考	15	X
		1-3 风险评估	5	笔试	必考	5	Y
2．视频创推	55	2-1 视频创作	30	实操	必考	20	X
		2-2 视频推广	25	实操	必考	15	X
3．售后与复盘	20	3-1 售后	10	笔试	必考	10	X
		3-2 复盘	10	笔试	必考	15	X

（4）平台管理员

考核范围	考核比重（%）	考核内容	考核比重（%）	考核形式	选考方式	考核时间（min）	重要程度
1．工作准备	25	1-1 宣传准备	10	笔试	必考	10	X
		1-2 设备、软件和材料准备	10	实操	必考	15	X
		1-3 风险评估	5	笔试	必考	5	Y
2．技术支持与互动管理	50	2-1 技术支持	30	实操	必考	20	X
		2-2 互动管理	20	实操	必考	15	X
3．售后与复盘	25	3-1 售后	10	笔试	必考	10	X
		3-2 复盘	15	笔试	必考	15	X

2.3.6 三级/高级职业技能培训理论知识考核规范

（1）选品员

考核范围	考核比重（%）	考核内容	考核比重（%）	考核单元
1．工作准备	12	1-1 宣传准备	5	（1）第三方宣传供应商资源库建立方法
				（2）预热投入产出比测算方法
				（3）协调引流资源并扩大宣传渠道
				（4）分析、研判相关网络舆情风险信息
		1-2 设备、软件和材料准备	4	（1）样品出入库管理制度建立方法
				（2）道具采购计划要求
		1-3 风险评估	3	（1）风险管理奖惩制度主要内容
				（2）风险防控方案评估方法
2．产品信息收集	44	2-1 市场信息管理	24	（1）产品销售数据整理方法
				（2）供应商管理系统维护方法
				（3）产品价格跟踪系统维护方法
		2-2 市场信息分析	20	（1）产品选择方法
				（2）产品价格分析方法

续表

考核范围	考核比重（%）	考核内容	考核比重（%）	考核单元
3．产品确定及规划	44	3-1 竞品比对	24	（1）产品与竞品价格比对方法
				（2）产品与竞品功能比对方法
		3-2 确定合作方式	20	（1）营销方案编写方法
				（2）风险预判方法

（2）直播销售员

考核范围	考核比重（%）	考核内容	考核比重（%）	考核单元
1．工作准备	12	1-1 宣传准备	5	（1）建立第三方宣传供应商资源库
				（2）测算预热投入产出比
				（3）协调引流资源并扩大宣传渠道
				（4）分析、研判相关网络舆情风险信息
		1-2 设备、软件和材料准备	4	（1）根据营销计划选购硬件设备
				（2）制订道具采购计划
		1-3 风险评估	3	（1）制定直播风险管理奖惩制度
				（2）制订和评估风险防控方案
2．直播营销	56	2-1 直播预演	24	（1）不同需求下直播团队人员分工
				（2）根据直播预演效果调整营销方案
		2-2 直播销售	32	（1）控制、管理个人情绪
				（2）调动直播间气氛
				（3）实时调整直播策略
3．售后与复盘	32	3-1 售后	16	（1）使用智能交互系统回复用户信息
				（2）撰写售后工作报告
		3-2 复盘	16	（1）制定数据维度和分析标准
				（2）制定数据采集操作流程

（3）视频创推员

考核范围	考核比重（%）	考核内容	考核比重（%）	考核单元
1．工作准备	12	1-1 宣传准备	5	（1）第三方宣传供应商资源库建立方法
				（2）预热投入产出比测算方法
				（3）协调引流资源并扩大宣传渠道方法
				（4）分析、研判相关网络舆情风险信息方法
		1-2 设备、软件和材料准备	4	（1）设备采购要求
				（2）道具采购要求
		1-3 风险评估	3	（1）风险管理奖惩制度主要内容
				（2）风险防控方案评估方法
2．视频创推	56	2-1 视频创作	32	（1）产品关键标签及卖点提炼技巧
				（2）产品创意方案设计方法
				（3）专业拍摄设备使用方法
				（4）素材包装方法
		2-2 视频推广	24	（1）投放对象选择要求
				（2）流量资源筛选要求
				（3）数据监控工具使用方法
3．售后与复盘	32	3-1 售后	16	（1）智能交互系统使用
				（2）售后工作报告撰写
		3-2 复盘	16	（1）数据维度和分析标准制定方法
				（2）数据采集操作流程制定方法

（4）平台管理员

考核范围	考核比重（%）	考核内容	考核比重（%）	考核单元
1．工作准备	12	1-1 宣传准备	5	（1）第三方宣传供应商资源库建立方法
				（2）预热投入产出比测算方法
				（3）分析、研判相关网络舆情风险信息方法

续表

考核范围	考核比重（%）	考核内容	考核比重（%）	考核单元
1．工作准备		1-2 设备、软件和材料准备	4	（1）硬件设备采购要求
				（2）设备状态检测标准制定
		1-3 风险评估	3	（1）风险管理奖惩制度制定
				（2）风险防控方案时效性评估
2．技术支持与互动管理	44	2-1 运维管理	20	（1）现场设备管理方案制订
				（2）现场技术团队协作规则制定
		2-2 技术支持	24	（1）互动特效制作方法
				（2）动态网络舆论监控数据查看方法
				（3）产品实时数据提供方法
3．售后与复盘	44	3-1 售后	22	（1）智能交互系统使用方法
				（2）售后工作报告主要内容及撰写技巧
		3-2 复盘	22	（1）数据维度和分析标准制定方法
				（2）数据采集操作流程制定方法

2.3.7 三级/高级职业技能培训操作技能考核规范

（1）选品员

考核范围	考核比重（%）	考核内容	考核比重（%）	考核形式	选考方式	考核时间（min）	重要程度
1．工作准备	20	1-1 宣传准备	10	笔试	必考	10	X
		1-2 设备、软件和材料准备	5	笔试	必考	10	Y
		1-3 风险评估	5	笔试	必考	5	Y
2．产品信息收集	25	2-1 市场信息管理	15	笔试	必考	15	X
		2-2 市场信息分析	10	笔试	必考	15	X
3．产品确定及规划	55	3-1 竞品比对	30	实操	必考	20	X
		3-2 确定合作方式	25	笔试	必考	15	X

(2) 直播销售员

考核范围	考核比重（%）	考核内容	考核比重（%）	考核形式	选考方式	考核时间（min）	重要程度
1．工作准备	20	1-1 宣传准备	10	笔试	必考	10	X
		1-2 设备、软件和材料准备	5	笔试	必考	10	Y
		1-3 风险评估	5	笔试	必考	5	Y
2．直播营销	60	2-1 直播预演	25	实操	必考	15	X
		2-2 直播销售	35	实操	必考	20	X
3．售后与复盘	20	3-1 售后	10	笔试	必考	15	X
		3-2 复盘	10	笔试	必考	15	X

(3) 视频创推员

考核范围	考核比重（%）	考核内容	考核比重（%）	考核形式	选考方式	考核时间（min）	重要程度
1．工作准备	20	1-1 宣传准备	10	笔试	必考	10	X
		1-2 设备、软件和材料准备	5	笔试	必考	10	Y
		1-3 风险评估	5	笔试	必考	5	Y
2．视频创推	60	2-1 视频创作	35	实操	必考	20	X
		2-2 视频推广	25	实操	必考	15	X
3．售后与复盘	20	3-1 售后	10	笔试	必考	15	X
		3-2 复盘	10	笔试	必考	15	X

(4) 平台管理员

考核范围	考核比重（%）	考核内容	考核比重（%）	考核形式	选考方式	考核时间（min）	重要程度
1．工作准备	20	1-1 宣传准备	10	笔试	必考	10	X
		1-2 设备、软件和材料准备	5	笔试	必考	10	Y
		1-3 风险评估	5	笔试	必考	5	Y
2．技术支持与互动管理	55	2-1 运维管理	25	实操	必考	15	X
		2-2 技术支持	30	实操	必考	20	X
3．售后与复盘	25	3-1 售后	10	笔试	必考	15	X
		3-2 复盘	15	笔试	必考	15	X

2.3.8 二级/技师职业技能培训理论知识考核规范

（1）选品员

考核范围	考核比重（%）	考核内容	考核比重（%）	考核单元
1．产品确定及规划	50	1-1 产品分析	25	（1）产品检验流程知识
				（2）产品跟踪方法
				（3）产品转化率分析方法
				（4）制订相关网络舆情风险解决方案
		1-2 选品策划	25	（1）选品方案制订方法
				（2）选品规划监控方法
2．团队管理	25	2-1 团队架构设置	15	（1）团队考核标准设计方法
				（2）协作沟通技巧
		2-2 团队文化建设	10	（1）员工评价体系建立方法
				（2）员工互评机制建立方法
3．培训指导	25	3-1 培训	10	（1）培训计划编写方法
				（2）培训讲义编写方法
				（3）培训教学与组织技巧
		3-2 指导	15	（1）专业技能指导方法
				（2）培训指导规范编写方法

（2）直播销售员

考核范围	考核比重（%）	考核内容	考核比重（%）	考核单元
1．直播营销	50	1-1 营销策划	25	（1）直播间搭建技巧
				（2）个人品牌塑造方法
		1-2 直播规划	25	（1）直播销售周期目标编制方法
				（2）直播流程操作步骤
2．团队管理	25	2-1 团队架构设置	15	（1）团队考核标准设计方法
				（2）协作沟通技巧
		2-2 团队文化建设	10	（1）建立员工评价体系
				（2）建立员工互评机制

续表

考核范围	考核比重（%）	考核内容	考核比重（%）	考核单元
3．培训指导	25	3-1 培训	10	（1）培训计划编写方法 （2）培训讲义编写方法 （3）培训教学与组织技巧
		3-2 指导	15	（1）专业技能指导方法 （2）培训指导规范编写方法

（3）视频创推员

考核范围	考核比重（%）	考核内容	考核比重（%）	考核单元
1．视频创推	50	1-1 视频创作	20	（1）视频创作规划设计方法 （2）视频制作步骤
		1-2 视频推广	30	（1）热点话题制造技巧 （2）投放效果数据分析方法 （3）投放预算编制方法
2．团队管理	25	2-1 团队架构设置	15	（1）团队考核标准设计方法 （2）协作沟通技巧
		2-2 团队文化建设	10	（1）员工评价体系建立方法 （2）员工互评机制建立方法
3．培训指导	25	3-1 培训	10	（1）培训计划制订方法 （2）培训讲义编制方法 （3）培训教学与组织技巧
		3-2 指导	15	（1）专业技能指导方法 （2）培训指导规范编写方法

2.3.9 二级／技师职业技能培训操作技能考核规范

（1）选品员

考核范围	考核比重（%）	考核内容	考核比重（%）	考核形式	选考方式	考核时间（min）	重要程度
1．产品确定及规划	50	1-1 产品分析	25	笔试	必考	20	X
		1-2 选品策划	25	笔试	必考	20	X

续表

考核范围	考核比重（%）	考核内容	考核比重（%）	考核形式	选考方式	考核时间（min）	重要程度
2．团队管理	25	2-1 团队架构设置	15	笔试	必考	15	X
		2-2 团队文化建设	10	笔试	必考	10	X
3．培训指导	25	3-1 培训	10	笔试	必考	10	X
		3-2 指导	15	笔试	必考	15	X

（2）直播销售员

考核范围	考核比重（%）	考核内容	考核比重（%）	考核形式	选考方式	考核时间（min）	重要程度
1．直播营销	50	1-1 营销策划	20	笔试	必考	20	X
		1-2 直播规划	30	笔试	必考	20	X
2．团队管理	25	2-1 团队架构设置	15	笔试	必考	15	X
		2-2 团队文化建设	10	笔试	必考	10	X
3．培训指导	25	3-1 培训	10	笔试	必考	10	X
		3-2 指导	15	笔试	必考	15	X

（3）视频创推员

考核范围	考核比重（%）	考核内容	考核比重（%）	考核形式	选考方式	考核时间（min）	重要程度
1．视频创推	50	1-1 视频创作	20	笔试	必考	20	X
		1-2 视频推广	30	笔试	必考	20	X
2．团队管理	25	2-1 团队架构设置	15	笔试	必考	15	X
		2-2 团队文化建设	10	笔试	必考	10	X
3．培训指导	25	3-1 培训	10	笔试	必考	10	X
		3-2 指导	15	笔试	必考	15	X

2.3.10 一级/高级技师职业技能培训理论知识考核规范

（1）选品员

考核范围	考核比重（%）	考核内容	考核比重（%）	考核单元
1．产品确定及规划	50	1-1 产品分析	25	（1）热销产品预判方法 （2）根据复购率预判产品销量方法 （3）产品信息数据库建立方法 （4）相关网络舆情风险预防方法
		1-2 选品策划	25	（1）供应链渠道建立方法 （2）新产品开发方法
2．团队管理	25	2-1 团队架构设置	10	（1）团队架构搭建方法 （2）团队分工调整方法
		2-2 团队文化建设	15	（1）团队文化理念建立方法 （2）团队管理规范制定方法
3．培训指导	25	3-1 培训	10	（1）培训教学工作要求与技巧 （2）培训考评体系建立方法
		3-2 指导	15	（1）专业技能指导考评方法 （2）培训效果评估方法

（2）直播销售员

考核范围	考核比重（%）	考核内容	考核比重（%）	考核单元
1．直播营销	50	1-1 营销计划	25	（1）多媒介传播方法 （2）营销效果评估方法
		1-2 直播规划	25	（1）直播用户管理方法 （2）提升用户购买率方法
2．团队管理	25	2-1 团队架构设置	10	（1）团队架构搭建方法 （2）团队分工调整方法
		2-2 团队文化建设	15	（1）团队文化理念建立方法 （2）团队管理规范制定方法

续表

考核范围	考核比重（%）	考核内容	考核比重（%）	考核单元
3．培训指导	25	3-1 培训	10	（1）培训教学工作要求与技巧
				（2）培训考评体系建立方法
		3-2 指导	15	（1）专业技能指导考评方法
				（2）培训效果评估方法

（3）视频创推员

考核范围	考核比重（%）	考核内容	考核比重（%）	考核单元
1．视频创推	50	1-1 视频内容	25	（1）视频矩阵建立方法
				（2）视频账号孵化方法
		1-2 视频推广	25	（1）传播路径监控方法
				（2）视频推广计划制订方法
2．团队管理	25	2-1 团队架构设置	10	（1）团队架构搭建方法
				（2）团队分工调整方法
		2-2 团队文化建设	15	（1）团队文化理念建立方法
				（2）团队管理规范制定方法
3．培训指导	25	3-1 培训	10	（1）培训教学工作要求与技巧
				（2）培训考评体系建立方法
		3-2 指导	15	（1）专业技能指导考评方法
				（2）培训效果评估方法

2.3.11 一级/高级技师职业技能培训操作技能考核规范

（1）选品员

考核范围	考核比重（%）	考核内容	考核比重（%）	考核形式	选考方式	考核时间（min）	重要程度
1．产品确定及规划	50	1-1 产品分析	25	笔试	必考	20	X
		1-2 选品策划	25	笔试	必考	20	X
2．团队管理	25	2-1 团队架构设置	10	笔试	必考	10	X
		2-2 团队文化建设	15	笔试	必考	15	X
3．培训指导	25	3-1 培训	10	笔试	必考	10	X
		3-2 指导	15	笔试	必考	15	X

(2) 直播销售员

考核范围	考核比重（%）	考核内容	考核比重（%）	考核形式	选考方式	考核时间（min）	重要程度
1．直播营销	50	1-1 营销计划	25	笔试	必考	20	X
		1-2 直播规划	25	笔试	必考	20	X
2．团队管理	25	2-1 团队架构设置	10	笔试	必考	10	X
		2-2 团队文化建设	15	笔试	必考	15	X
3．培训指导	25	3-1 培训	10	笔试	必考	10	X
		3-2 指导	15	笔试	必考	15	X

(3) 视频创推员

考核范围	考核比重（%）	考核内容	考核比重（%）	考核形式	选考方式	考核时间（min）	重要程度
1．视频创推	50	1-1 视频内容	25	笔试	必考	20	X
		1-2 视频推广	25	笔试	必考	20	X
2．团队管理	25	2-1 团队架构设置	10	笔试	必考	10	X
		2-2 团队文化建设	15	笔试	必考	15	X
3．培训指导	25	3-1 培训	10	笔试	必考	10	X
		3-2 指导	15	笔试	必考	15	X